即実践！　即効果！

節約のプロがおしえる 家計防衛術100

和田由貴

辰巳出版

もくじ

第3章

食費編 ... 131

COLUMN

節約意識度チェック

以下の項目のうち、節約する上であなたが意識していること、
節約にとって正しいと思うものをチェックしてください

- □ 家計の収支は、理想的とされる「収支バランス」に近づけるように意識しながら管理することを心がける
- □ まずは毎日の出費に注目し、食費の節約に力を入れる
- □ 趣味やぜいたくに使っているお金を徹底的に見直すことが大事
- □ 食材を買うときは、余計なものまで買わないように、しっかりと献立を考えてから買い物に行く
- □ エアコンはつけた瞬間に大きな電力を使うので、ずっとつけっぱなしにしておいたほうが節約になる
- □ 朝夕２回ご飯を炊飯器で炊くよりも、朝まとめて炊いて、夕飯までの間は保温機能を使うほうが節約になる
- □ スマホ代は、通話やオンラインの使い方を変えない限り、大幅に下げることはできない
- □ 食器洗いなどは、お湯のほうが短い時間で済むので、使う水の量も少なく確実に節約になる
- □ 貯蓄は毎月の金額を決めて貯めるよりも、月末に余った分を貯蓄にあてるほうがムリなく貯まる
- □ 早く節約の効果を出すためには、はじめは少しムリをしてでも、大胆に月々の予算を削ってみるとうまくいく
- □ 節約にはガマンはつきものなので、自分でルールを決めたら絶対に守るつもりで取り組むことが最大の近道である

← 解説は次のページへ！

「節約意識度チェック」リストの項目に、いくつのチェックが入りましたか？

実は、このリストにある項目は、すべて正しくありません！

本当に節約したいなら、やってはいけないこと、
節約体質を目指すなら、その意識を変えたほうがよいと思われることです。

チェックの数が多かった方は、
ある意味では、節約に対する意識が高いといえるかもしれません。
ですが、やり方が正しくなかったり、ムリしすぎていたりと、
結果として、がんばっているわりにあまり効果が出ていないのではないでしょうか。

チェックの数が少なかった方は、
節約がうまくいっている、または節約がうまくいきやすいタイプですよ。

本書で紹介する**節約のための考え方やテクニック**は、
実践しやすく即効果につながるものばかりですので、
どなたもぜひ、まずはひとつでも試してみてくださいね。

100 IDEAS for saving money

第1章

家計防衛術

節約のキホン!

無理なく節約体質になるために

キホンを身につけ、暮らしに合った節約を無理なく節約体質を目指しましょう！

「節約したいけれどいつも続かない」「節約したつもりなのにお金が足りない」「何から節約したらいいのかわからない」などなど……。節約したい！という意欲はあっても、なかなか実践できないという人が多いのではないでしょうか。

それは、はじめから「節約」を難しいことと考えているからかもしれません。「節約＝ガマンすること」「節約＝ケチケチすること」などと思うと、たしかに節約するのは難しいですし、なかなか長続きもしないでしょう。

でも、節約に対する基本的な考え方や、ちょっとした節約テクニックなどを知るだけで、ラクに楽しみながら節約生活を送ることができるのです。何事もはじめから身構えてしまうとうまくいきませんよね。それは節約も同じです。

節約は目的ではなく、今あるお金をより有意義に使うためにムダを削ること。この章では、節約と上手に付き合い、無理せず続けていくために大切な「節約のキホン」についてご紹介したいと思います。

普段のお金の使い方をはじめ、家計全体の考え方、上手なお金の管理の仕方など、お金の使い方を見直せるポイントはたくさんあります。

また、１００円均一ショップが大好きな人、値段が安いものに弱い人、よく衝動買いをしてしまう人、なぜか浪費してしまう人なども多いかと思われますが、こうした出費もちょっとしたコツでぐっと減らすことができます。

個人や家庭によってライフスタイルはそれぞれ違いますので、一般的に知られている節約法や、よく耳にする「理想の収支バランス」などが、必ずしも自分や家庭にマッチするとは限りません。

ですが、「節約のキホン」は共通です。無理なく節約体質になるために、まずは「節約のキホン」を身につけましょう。

001

家計防衛術

暮らしと心を豊かにする
これぞ〝節約のキホン〟である！

- 大事にしたいものがあれば、それは節約の対象外！
- ライフスタイルは人それぞれ、節約法も人それぞれ
- 自分に合う方法を見つけることが節約の第一歩

「節約するぞ！」といろいろトライするけど、どれも続いたためしがない……。

今、うなずいたそこのアナタ！ もしかすると節約自体が目的になっていませんか？ 節約はあくまで「手段」。自分らしくお金を使えて、家族みんなが楽しく暮らせることが本当の目的ですよね。

生活のなかで大事にしたいものは、人や家庭によってそれぞれ違うはず。スイーツが好きな人、週末の外食を楽しむ家庭、推し活だってゆずれない……。仮に、**一般的に良しとされている節約法を取り入れても、ライフスタイルに合わなければ意味がありません！**

まずは、**「生活のなかで何を大切にしたいか」**を明確にすることが大事です。やみくもに、大切にしている推し活のお金をただガマンするのはつらいですよね。それでは気持ちよく暮らせないですし、そんな節約は続きません。

最初に**何にお金を使いたいか**をじっくりと考えてみましょう。そして、**あなたと家庭に合った方法を見つける**ことが節約の第一歩です！

002

家計防衛術

節約はダイエットと同じと心得てリバウンドしない体質を目指す！

- お金を「使う／削る」ところをはっきりさせる
- 削る部分が見えたらマイルールを決める
- あれこれ手を出さず、習慣にできそうなものを意識

002

節約はダイエットと似ているともいわれますが、まさにその通り。**挫折したってくじけずに何度でもトライし、継続することが大事**です。たとえば、よく衝動買いをして、その都度反省しているなら、「すぐ買わず、購入する前に少し時間を置く」というマイルールを決める。そして、そのルールを絶対に守るようにしておけば、リバウンドもしづらくなっていきますよ。

大切なものに気持ちよくお金を使うことが目的で、その目的のための手段が節約です。お金を使いたいところがわかれば、自然にそれ以外の部分を減らそうと考えるようになります。それ以外の部分こそが「削る部分＝節約」なのです！ムダを削ぎ落とし、自分が使いたいところに、その削った分のお金を使えると思うと、単純に**「節約＝ガマン」というイメージも変わってきます**よね。目的のためにムダな部分を削っていくのだと思えば、少し気持ちがラクになりませんか？

あれもこれもと目的なく節約を試しても、長続きはしません。**「この部分だけきちんとやろう」と決めて、それが習慣になっていけば**こっちのものです。

003

家計防衛術

「おトク」なものを買って満足しない！安く買う＝節約ではない

- 「ポイント還元」の言葉にのせられてはダメ！
- 100円均一ショップでの買い物こそ吟味する
- 安いもののちょこちょこ買いはやめよう

003

「節約をがんばっているつもりなのにお金が貯まらない…」と悩んでいる人、いませんか？　そういう人に限って、ドラッグストアのポイントアップデーや、クレジットカードやコード決済の還元率アップの情報にとにかく詳しい(笑)！

「今日からポイント還元率が高いから」といって、今買わないと損しちゃう！と買い物に走っている人もけっこう多いのでは。**安く買うこと、おトクに買うことが節約だと思いがち**ですが、そこでムダ買いが発生！　**安いからという理由で買っていると、結果的にムダな買い物になり、節約にはなりません。**

家電や車のように高価なものは、安い店を探したりスペックを比較したりするものですが、安いものってあまり吟味しないですよね。１００円均一ショップに行くと、**使うかわからないけど１００円だし、とちょこちょこ買ってしまう。**それでは、なかなかお金は貯まりません。安いものこそ吟味して買いましょう。

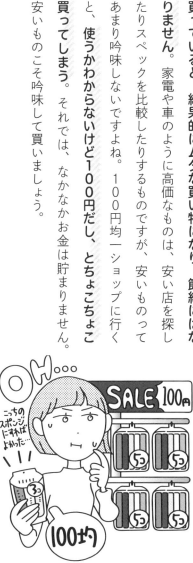

004

家計防衛術

ものを買うときの理由は、「必要」であることが絶対条件！

- 「安いから買う」「ポイント10倍だから買う」はNG
- 後悔した買い物の理由を振り返ってみる
- 安い、おトクと感じた商品ほど冷静に

004

ものを買うときの理由は、常に「必要だから」であるべきだと思っています。買い物をしていてある商品に手が伸びるとき、そこにはいろいろな動機やきっかけがありますよね。直感的に「これが欲しい」と感じたならば、その理由は何でしょうか？ もし仮に、**「ほかより安いから」「今だとポイント10倍だから」などであれば要注意！** 通販などでよく見かける「○○円以上で送料無料」も、送料を無料にするために、「そのほうがおトクだから」と必要ないものを買ってしまいがちなシチュエーションですよね。

これまでに、**値段が安い、おトクになるなどの理由で買ったもので、のちのち後悔した**という経験はないでしょうか。

後悔するというのは、**「本当に必要か」を見落としている**ためです。つまり、安いから買ったけど、「実際には必要ないもの」だったということ。そんなムダ買いは、節約以前の問題！ **安いものやおトクに見えるものほど、**本当に必要かどうかを冷静に考えるようにしてみてください。

005

家計防衛術

買う前に10分間の冷却タイム！余計な買い物がグンと減る

- 衝動的に欲しくなると、「必要なもの」と錯覚してしまう
- 10分間、別のことをして錯覚を解く
- 冷却時間を置いて、それでも必要と思えば買ってよし！

洋服やアクセサリーに多いかもしれないですが、商品をパッと見て気に入って、**衝動的に欲しい！ と思ってしまったら、一度冷静になりましょう。**デパートの洋服売り場で「これ、欲しい！」と思ったら、地下の食料品売り場などへ行って、ほかのものを見ながら10分間ほど時間を置いてみる。そうすると、少し落ち着いてきて冷静な判断ができるはず。

衝動的に「欲しい！」と思うと、「これは私に必要なんじゃ…」と錯覚してしまうもの。そういった**錯覚を解くためにも、冷却時間は効果的！**ネットショップでも、欲しいと思ってもすぐには購入せず、カートに入れた状態で家事をするなどして**10分間は頭を冷却。それだけで我に返ることができます**（笑）。

街のお店でもネットショップでも同様で、**一度身につければ長く続く習慣**なので、衝動買いに走りがちな人は、**「10分間の冷却タイム」**をマイルールにしてみては？

006

家計防衛術

思い込みで情報をスルーしない！チャンスを逃すと損します‼

● 「自分には関係ない」と思い込んでいると損をする！

● 情報をシャットアウトせず、まずは知ることから

● 〝思い込み〟は節約にとって邪魔者だと意識する

006

みなさん、いろんな〝思い込み〟をしている気がします。実は、そうした思い込みのせいで損をしていることもたくさん……。

「しっかりやっているから、これ以上節約するところはない！」と思い込んで、情報をシャットアウトしていませんか？ たとえば、**ふるさと納税。** ふるさと納税は、ある程度高収入じゃないと利用できない、意味がないのではと思っている人も多いのでは。実際はそんなことはなく、**年収に応じた金額を寄付できるので、十分に利用する価値のあるおトクな制度**なのです。

また、**賃貸住宅の家賃や更新料**は初期費用もかかったりしますが、**法律で決められているものではないので、実は交渉次第で割り引いてもらえる**ことも。「これは絶対にかかるお金だからしょうがない」と思い込んでしまうのは、とてももったいないことです！

そうした**〝思い込み〟が、節約の邪魔をしている**のです。

家賃ちょっとだけ
ご相談できませんか…
えっ！
いいですよー
長く住んでいただいて
ますし…
な〜んて…

007
家計防衛術

〝思い込み〟と〝めんどくさい〟は節約にとって大敵である！

●よくわからなければ、まずは簡単にでも調べてみる

●新しいシステムやサービスにも積極的に！

●知ればおトクなだけでなく、「知らないと損」も多い！

節約の邪魔をするのは〝思い込み〟とお話ししましたが、それと**同じくらい大敵なのが〝めんどくさい〟**です。これまでの節約に対する思い込みをくつがえすことができたとしても、いざ行動に移すことをめんどくさがっていたら意味がないですよね。この**節約にとっての2つの大敵〝思い込み〟〝めんどくさい〟**をどのようにすればやっつけることができるのか。

それは、まず**興味を持って調べる**こと！ たとえば、行政の支援金制度やスマホの契約、電子マネー決済などといった新しいシステムやサービスについて、「自分には関係ない」「よくわからない」と敬遠していませんか？

今や**「知っていると得をする」だけでなく、「知らないと損をする」ことが多い時代。**スマホなどで簡単に調べられる範囲で、短時間でも構いませんので、まずは興味を持って調べることから始めてみてください。調べてみたら、手間がかかりそうだと思っていた手続きが実は簡単だとわかったり、生活がガラッと変わるような、これまで知らなかったおトクな情報が見つかるかもしれませんよ。

008

家計防衛術

浪費・消費しやすい状況を作らない！簡単に手が届かない場所に管理

- 財布には余計な現金を入れない
- 消耗品は気軽に使えない場所に置いておく
- 使いにくい状況を作れば普段の行動が変わる

お金や消耗品などは、**簡単に取り出せるところにあると、つい使ってしまう**もの。お金の場合、財布に入っている現金は一番使いやすい状態ですし、銀行口座に入金していたとしても、普通預金なら気軽にATMで下ろすことができます。よほど意識的に管理していない限り、うっかり使いすぎることは避けられないかもしれません。使いすぎないようにしたいのであれば、**財布に余計なお金は入れない**、簡単に引き出せないように定期預金に預けるなど、できるだけ**手が届きづらい状況を作るのが基本**です。

これは、消耗品も同じ。テーブルの上に常にティッシュがあれば、手や口が汚れたり、ちょっと水をこぼした程度でも気軽にティッシュを使ってしまいますよね。なので我が家では、ティッシュを棚にしまっています。そうすると、取り出すのが手間なので、手が汚れれば洗ったり、こぼした水はふきんで拭いたりと行動が変わるのです。この方法でいろいろなムダ使いをグッと減らすことができます。**お金も消耗品も、使いにくい状況を作る**ことを心がけてみてください。

009
家計防衛術

目に見えやすい「変動費」よりも節約効果の大きい「固定費」を見直す！

- 節約すべきは変動費の前にまずは固定費！
- 固定費は決まっているものだと節約対象外にしない
- 一度固定費を見直すと節約が長く続く！

みなさん、いざ節約をしようと思ったら、何から手をつけますか？ 目に見えて財布から出ていくお金はわかりやすいので、食費や交際費などの「変動費」を見直そうとするのでは。でも、それよりも**節約する上で大事なのは、毎月必ず決まっている出費の「固定費」**なのです。

固定費は節約できないものだと考えている人も多いのではないでしょうか。それこそ、その思い込みはやめましょう！ **毎月絶対かかるものだからと節約の対象外にしないで、何かできることはないかとアクションを起こしてみて。**家庭での代表的な固定費は、家賃や住宅ローン、通信費などです。たとえば通信費の場合、スマホの料金プランを見直したり、キャリアを乗り換えたりと、いろいろな方法があります。それを、すでにファミリー割引やパソコンとのセット割など、おトクなプランにしているからと**節約の対象から外すのはＮＧ！**

一度見直して、よりおトクなプランに入り直したりキャリアを変えれば、そのあとはずっと安く使えます。**長い目で見て節約効果大の固定費、侮るなかれです。**

010

家計防衛術

家族にも節約に協力してもらう 強制的に「自分ごと」に!

- 夫のビール代は、食費ではなくこづかいにしてみる
- 自分で支払うことで、「自分ごと」として考えられる
- 家族にもお金を管理する力を身につけてもらう

自分がいくらがんばっても、家族も協力的じゃないと、節約がうまくいかないことってあると思います。たとえば、食費などの家計からビールを買い置きしていて、「1日1本まで」と決めても夫が2本以上飲んでしまうというような場合。これでは毎日コツコツやりくりして食費を抑えても、努力が水の泡ですよね。

そこで提案したいのが、**家族のための食料品は食費から、お酒やおつまみなどの嗜好品は自分のこづかいから買うというルール**にすること！

夫のこづかいが毎月3万円、ビール代を家計から毎月1万円支出している場合なら、夫のこづかいを4万円にするかわりに、家計からビールは買いません。これなら2本飲むと自分のこづかいが目減りしてしまうけれど、ビールを飲まなければ自由に使えるお金は増えますよね。こうして**やや強制的に、お金のやりくりを〝自分ごと〟として実感してもらう**んです。家族それぞれが自分のこととして意識するようになれば、家計全体の節約もきっとうまくいきますよ。

ビールはおこづかいで!!
ハーイ
トホホ〜
BEER

011

家計防衛術

理想の収支バランスはあくまで目安
家庭に合わせた予算枠を作る

- 収支バランスは家庭によって違ってくる
- 理想の収支バランスを目安に予算を考える
- 予算枠を作れば管理も簡単に

「理想の収支バランス」というものはありますが、これはあくまで目安です。家庭によってさまざまですので、そこまでとらわれる必要はありません。でも、大きくはみ出すような費用があれば、見直しを検討してもいいかもしれません。

また、このバランスにかかわらず、まずは**収入を元に、全体の予算枠を決めましょう。**仮に夫婦で財布を分けているならば、家計用の財布は別にして、決まった予算をその財布で共有することにしてもいいでしょう。

とくに食費などの変動費は、きちんと予算枠を決めておきましょう。その範囲内であれば、あとは自由に使ってよし！　どういう使い方をしてもいいとしておけば、管理もしやすいですよね。

目安としてみて！

理想の収支バランス

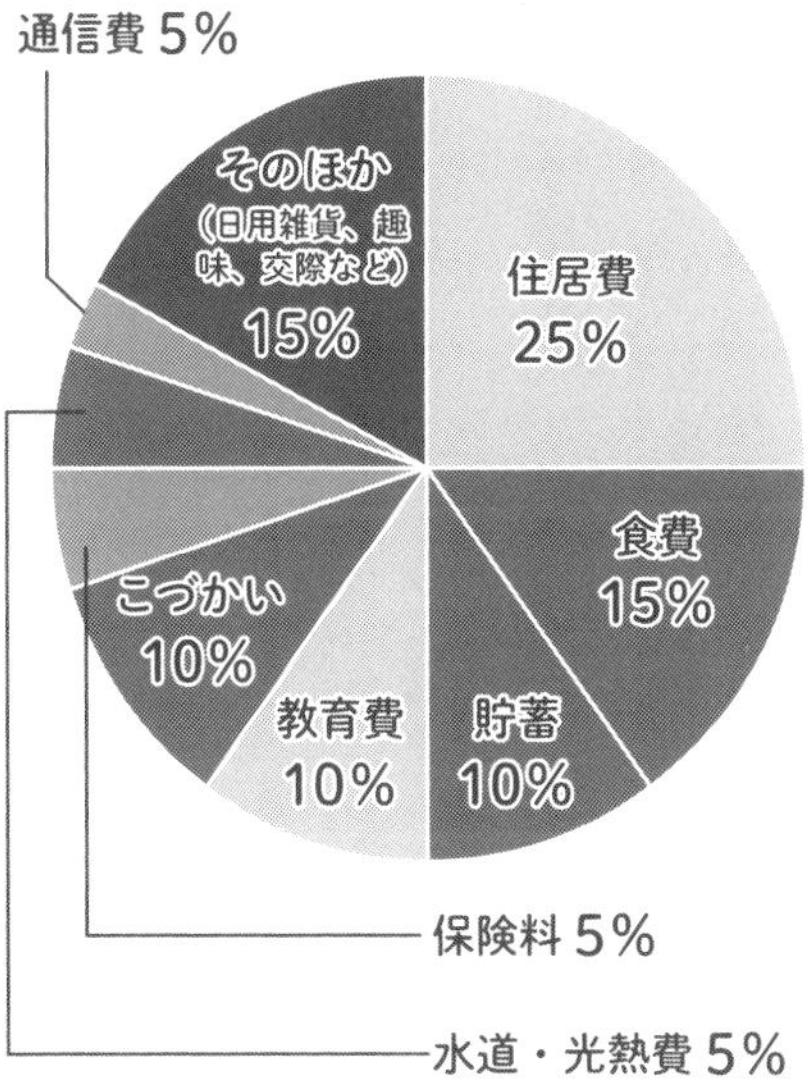

012

家計防衛術

自分に厳しくすると節約は続かない まずはハードルを低くしてトライ!

● 続けるためにはルールを決めて実行していく

● ルールは厳しくせず、簡単なものからスタート

● 手軽で簡単な節約術でも習慣になればそれでOK

012

節約をうまく続けるためには、**まずはルールを作って実行していく**こと。費目（家計簿の項目）ごとの予算枠を決めたり、買うものを制限するなどもそのひとつ。ですが、そもそも**自分で作ったルールでさえも守れない**という人もいるのでは？ そのルール、けっこうハードルを高く設定してしまっているかもしれません。節約はダイエットと同じとお話しましたが、スイーツが大好きな人が一切甘いものを食べないルールを作ったとしたら、挫折するのは目に見えていますよね。はじめはがんばれても、きっとガマンできずにリバウンドしてしまいます。

節約も同じで、**理想や目標を高く掲げることは大事かもしれませんが、最初から厳しいルールを自分に課してしまうと長くは続きません。**まずはとにかく**自分ができそうなことから**始めてみましょう。もしうまくいかなかったら、別のルールを考えてリトライしてみる。クリアできたら少しレベルを上げてみるなど、リバウンドせず着実に続けていくことを意識してみてください。**ひとつずつでも習慣化していくことで、節約体質を目指しましょう！**

013

家計防衛術

苦手なら家計簿はつけなくてOK 記録するなら大枠での把握を

- 家計簿をつけること自体が目的にならないよう注意
- 家計簿で管理するのなら完璧を求めすぎない
- 費目は細かくせず、管理しやすい仕組みを作る節約を続けるためには、必要以上に自分に厳しいルールを課さないことが大事です。家計簿もまさにその通り。苦手だったり**続けるのが難しいと思うのであれば、つける必要はありません。**よく目にするのが、家計簿をつけることが目的になってしまう人。収支が1円でも合わないと気になってしまうなど、**記録自体に完璧を求めすぎて、家計の管理や節約といった本来の目的が見失われている**パターンです。**几帳面すぎる人は、逆に家計簿に向いていない**かもしれません。

一方で、家計簿を続けられる人の多くは、けっこうざっくりと記録しているようです。**多少金額が合わなくても、だいたいの支出や大枠の収支などを把握できれば、家計簿で管理しなくてもOK**です。

家計簿をつけるのなら、費目は**あまり細かく分けず、とくに支出が多い費目だけ細目をつけるというのでもいい**と思います。たとえば、お酒を飲むのが好きな人なら、「食費」のなかに「お酒」を別立てし、お酒の予算枠を決めておきます。家計簿を続けるためにも、**自分が管理しやすい仕組み**を作っていけるといいですね。

014

家計防衛術

家計簿ビギナーは1～2カ月つけて、予算感を体に染み込ませる

- まずは今の家計の全体像とお金の流れを把握する
- 使いすぎている部分＝削るべき部分を見つける
- 家計簿アプリなどのツールを使うのもおすすめ

計画的に節約をしていくために大事なのは、まずは**家計の全体像をつかむこと**です。そのためには、**お金の流れをしっかりと把握する**ことが重要になってきます。「普段、何にどれくらいお金を使っているのか？」を、費目ごとに使ったお金を具体的に書き出してみましょう。すると、**「使いすぎている部分＝削るべき部分」が見えてくる**と思います。家計簿自体はつけなくてもOKとお話ししましたが、これまで一度も家計簿をつけたことがないという人は、家計の全体像の〝見える化〟のため、1〜2カ月だけでもつけてみるといいでしょう。

最近はレシートをスマホで撮るだけで記録できたり、キャッシュレス決済と連動したものなど、簡単で便利な家計簿アプリもあります。**家計簿ビギナーは、まずはアプリで試してみるのもおすすめ**です。

家計の全体像がわかったら、**次のステップは費目ごとに1カ月間の予算を立ててみる**こと。家族とも相談し、削れる部分と削れない部分を慎重に検討した上で、**家庭に合ったプラン**を立てられるといいですね。

015

家計防衛術

予算オーバーを阻止するために費目別の予算を取り分けて管理！

- 予算別の封筒取り分けがシンプルで有効な管理方法
- 月の予算と同時に、1日の予算も決めておく
- 長期的な貯蓄を兼ねるなら銀行口座を分けて管理

015

家計の全体像をつかみ、費目ごとの予算を立てることができても、それを守るのはそう簡単ではないかもしれません。「洋服を衝動買いしてしまったから食費のほうで節約しようかな…」「食費が足りなくなりそうだから娯楽費を抑えて…」など、予算同士で貸し借りをしてしまい、結局グダグダに……。最終的には、どの費目も予算オーバーだったということにもなりかねません。

こうした失敗を防ぐためには、**予算として決めた金額をあらかじめ取り分けておく**こと。たとえば、日々使う食費や日用品代などは、**1カ月分の予算を費目ごとの封筒に取り分けて入れておき、そこから使う**という方法でもいいでしょう。**シンプルではありますが、かなり有効な管理方法**のひとつですよ。

また、**「食費」の予算が月3万円であれば、1日に使えるお金は1000円までというようにルールを決める**と管理も簡単です。さらに、**費目ごとに銀行口座を分けて管理するのもおすすめ**です。とくに住居費や子どもにかかる費用などは、毎月の支払いだけでなく、貯蓄も兼ねた長期的な管理もしやすくなります。

016

家計防衛術

キャッシュレスで家計簿がわりに費目ごとに決済方法を分けて管理

- キャッシュレス決済の明細や履歴を活用
- 費目や買い物をする店ごとに決済方法を決める
- 決済方法を分けることで家計簿管理もラクに

016

最近はいろいろな種類の電子マネーがありますよね。現金に比べ、支払いも簡単なので、キャッシュレス決済を利用することも多いと思います。便利なのはもちろんですが、**実は節約のための管理ツールにも向いている**のです。

キャッシュレス決済の場合、基本的に**支払い明細や履歴がデータとして残りますよね。**それを**家計簿がわりにして、お金を管理する**のもひとつの方法です。

とはいえ、現金で支払うこともあるでしょうし、複数のクレジットカードや電子マネーを使っている場合は、単純に明細や履歴データを家計簿がわりにするのは難しいかもしれません。

そこでおすすめしたいのが、**費目ごとに支払い方法を決めておく**こと。たとえば、「スーパーで買う食費は現金」「ドラッグストアで買う日用品はこの電子マネー」「趣味や娯楽の費用はこのクレジットカード」などと使い分けるのです。そうすれば、**レシートや明細、履歴をチェックするだけで、各費目の内訳も一目でわかるので、家計の管理がとてもラク**になりますよ！

017

家計防衛術

「貯蓄」は先取り一択！強制的に貯まる仕組みを作る

- 浮いたお金を貯蓄へ…、ではお金は貯まらない
- 解約手続きが面倒な口座で貯蓄する
- 臨時用の貯蓄もしておけば、急な出費にも慌てない

017

家計を管理するには、月の予算を決めて、あらかじめ費目ごとにお金を分けるのが基本です。それと同じように、**「貯蓄」も先取りするのが鉄則！**

貯蓄をしたいのであれば、「予算が余ったら貯蓄に回そう」などと考えていても、**よほど意識的に節約しない限り、貯蓄するのは至難のわざ**かもしれません。仮にがんばって食費を節約しても、その節約した分を別の娯楽に使ってしまったりなど…、なかなかイメージ通りには貯められないと思います。

ですから、**給料などが入ったタイミングで貯蓄用のお金は取り分けて、銀行の口座などへ**移しましょう。ただ、普通口座は簡単に引き出せてしまうので、貯蓄向きではありません。そこで、**自動積み立てや定期預金などにして、勝手に貯まる仕組みを作ることが大事**です。一度契約すると**解約手続きが面倒ですが、それこそが貯蓄にとっての大きなメリット**となります。

また、長期の貯蓄とは別に、冠婚葬祭などの急な出費に備え、**少額でもいいので臨時出費用の貯蓄をしておく**と、いざというときに慌てずにすみますよ。

タイプを知って自分に合った節約方法を！

節約を習慣にし、長く続けていくためには、自分の生活や性格に合った節約方法を身につけることが肝心です。ここでは、「おトク大好き」「節約疲れ」「無計画・無頓着」「ズボラ」「見栄っ張り」の５タイプ別に、本書での必読項目と節約のポイントをご紹介。あなたはどのタイプに当てはまりますか？自分に合った節約方法を見つけ、ムリせず節約を続けましょう！

おトク大好きタイプ

節約大好きなのに
なぜかお金が貯まらない

- 見切り品を狙って閉店前の時間帯にスーパーへ行く
- 財布はカードがたくさん収納できるものが好き
- 洋服はほとんどセールの時期に買う
- 割引クーポンの期限が切れてしまうと悔しい気分になる
- ポイ活をがんばっている

必読項目　**005、055、068、076、コラム1、2**

ポイント　ムダ買いがないか徹底的にチェック！
日々の買い物だけでなく、固定費などにも目を向けてみて。

節約疲れタイプ

もう十分がんばってるのに
これ以上何をすればいいの？

- 家電のプラグをマメに抜くなど細かいことが気になる
- 家計簿をつけようとして挫折したことがある
- 家族が節約に協力してくれないのが悩み
- 少々の暑さ寒さならエアコンをガマンする
- スーパーに行くときはあらかじめ献立を考え、買い物メモを用意する

必読項目　**010、011、013、026、058**

ポイント　目標を高くしすぎていませんか？
ムリせず、達成できそうなところから節約方法を見直して。

無計画・無頓着タイプ

ムダづかいしてないのに…
気づくとお金がない！

・コンビニのATMで1万円以下の少額のお金を下ろすことがよくある
・クレジットカードやスマホの利用明細を毎月確認しない
・旅行などの計画を立てるのが苦手
・遅刻しそうになってタクシーを使うことがある
・契約しているスマホや電気料金のプランの内容をよく知らない

必読項目 014、015、018、074、076

ポイント まずは月の予算を立ててみましょう！
ざっくりとでも構わないので、今の家計全体の把握から。

ズボラタイプ

面倒なことは後まわし
とにかくラクに生きたい

・冷凍室の奥から霜だらけのナゾの食品が出てくる
・100均でかわいい雑貨や便利グッズをよく買うが結局使わない
・朝起きてすぐや帰宅後、とりあえずテレビをつける
・ビニール傘が3本以上ある
・解約し忘れたサブスク料金を何カ月も払っていたことがある

必読項目 003、007、037、056、081

ポイント 習慣にできそうなことを見つけてみて！
使っていいお金を取り分けるなど、なんとなく浪費しない工夫を。

見栄っ張りタイプ

節約はしたいけど
ケチだと思われるのはイヤ！

・行列の店に行ったり、話題の商品はとりあえず買ってみる
・フリマなどで価格交渉するのが苦手
・格安スマホはなんとなく抵抗があるので大手キャリア派
・ほかのことは節約をしても、子どもにかけるお金だけは節約したくない
・家や車は予算が許す限りできるだけいいものが欲しい

必読項目 015、020、079、084、091

ポイント 譲れない部分は削らなくてOK！
そのためにも、節約できるところをコツコツ削りましょう。

COLUMN 1 ポイ活は貯める「ポイント」を絞ることから

スマホのアプリやキャッシュレス決済などに連動した「ポイント」は、数えきれないほど存在しています。**効率よく〝ポイ活〟をしようと思ったら、まず「どのポイントを貯めるか」を決める**ことが大切。いくつかの異なるポイントを並行して貯めるのではなく、自分がよく利用するお店で使えるポイントに的を絞ることがポイ活の第一歩です。

そこであらためて抑えておきたいのが、“4大経済圏”。4大経済圏とは、**楽天、ドコモ、au、PayPay**の4つのことで、買い物やスマホ、キャッシュレス決済などが同じサービスで完結できるという意味で「経済圏」といわれています。それぞれ貯まるポイントは、**楽天＝「楽天ポイント」、ドコモ＝「dポイント」、au＝「Pontaポイント」、PayPay＝「PayPayポイント」**です。これらのポイントは、加盟店や提携先も多く、さらにスマホのキャリアと連動しているのが強みです。

まずは自分が利用しているスマホのキャリアや、普段使っているクレジットカードなどがどこに属しているのかによって、貯めるポイントを選ぶといいでしょう。普段から楽天で買い物をする人なら、クレジットカードは楽天カードを持っているでしょうから「楽天ポイント」が貯まりやすいはず。同様に、ドコモユーザーなら「dポイント」、auユーザーなら「Pontaポイント」、ソフトバンクユーザーなら「PayPayポイント」が貯まりやすいと思います。

同じ経済圏のサービスを複数利用すると、ポイントの還元率が変わってきて、より貯まりやすくなります。コンビニやドラッグストアでも提携しているポイントが違うので、自分が貯めているポイントと提携しているお店をなるべく利用するといいでしょう。

第2章

家計防衛術

水道・光熱費編

毎日の暮らしに欠かせないものだからこそ生活に合わせて、コツコツ続けられる節約を

夏の冷房、冬の暖房、毎日のお風呂に炊事、洗濯などなど……。水道光熱費は家計のなかでも多くを占める出費ですので、「毎月の水道光熱費を少しでも安くしたい！」というのは、どのご家庭でも共通の切実なお悩みだと思います。快適な生活を送るために必要な費用であり、ご家庭の生活がそのまま反映される費用ですよね。でも、だからこそ、実は節約できる部分も多いのです。

水道光熱費の節約で大切なのは、家電製品の上手な使い方と選び方。とくにエアコン、冷蔵庫、照明、テレビなどの消費電力量が多い家電は、使い方次第で電気代も大きく変わってきます。また、古いタイプは電力の消費も大きいので、節約のために省エネ性能の高い最新モデルへの買い替えもおすすめです。

本当に必要な機能や重視するポイントは何か？　ご家庭のライフスタイルに合う家電を選び、適切に使っていくことが節約につながっていくと思います。毎日使用し、生活に直結する家電だからこそ、しっかり選んでかしこく使うことです。

また、エアコンの温度設定、冷蔵庫の庫内整理、電気ポットや炊飯器の保温時間をはじめ、電子レンジ、洗濯乾燥機、温水洗浄便座、食器洗い乾燥機、スマホの充電……などなど、日々の暮らしのなかで、ちょっと意識するだけで実践できる〝小さな節約術〟はたくさんあります。

この章では、そうした暮らしのなかの小さな節約術や、今すぐ使える節約ワザ、節約に役立つポイントなどもご紹介したいと思います。さらに、「照明はつけっぱなしがトク？」「手洗いと食洗機はどっちがトク？」など、水道光熱費に関連するウワサや素朴な疑問などのトピックも取り上げています。

ひとつひとつは小さな節約かもしれませんが、コツコツと実践することで、トータルでは大きな節約になりますよ！

018

家計防衛術

知らずに電気代を損しているかも⁉ 利用明細は毎月チェックを

● なんとなく料金を支払わない

● 契約している料金プランの今の状況を把握する

● 要注意！ 新電力の料金プランでも見直しは大事

電気代の高騰が続く昨今、毎月の電気代の負担を少しでも軽くしたいですよね。電力自由化になり、おトクだからと大手電力会社から新電力会社に乗り換えた人も多いのではないでしょうか。ですが、その後の**料金改定などによって、今は逆に損をしている場合もあるので要注意！**

当たり前のようですが、電気代を根本的なところから見直すためには、まずは**契約している「プラン」を明細できちんと把握**することが大事です。

電気料金には、規制料金と自由料金の２種類があり、新電力会社の多くは電気料金が変動する「自由料金プラン」です。このプランは、**「燃料調整費（原油などの燃料価格で毎月変動する額）」に上限がないため、燃料価格が高くなると電気料金も高く**なります！（逆に燃料価格が安くなれば料金も安くなります）。一方、大手電力会社（旧一般電気事業者）などの「規制料金プラン」は、この燃料調整額に上限があります。電力会社を自由に選んで契約できるのですから、電気代を少しでも安くするためにも、現在のプランを見直してみることも大切です。

019
家計防衛術

電力消費割合の大きい4大家電 エアコン、冷蔵庫、照明、テレビ

● 4大家電の使い方を見直す
● 古いタイプの家電は、省エネ家電への買い替えも検討
● 4大家電以外には「給湯」も要注意！

電気代の節約における4大家電は、消費電力が大きい「エアコン」「冷蔵庫」「照明」「テレビ」です。経済産業省の調査によると、家庭における家電製品の1日での電力消費量の5割以上をこの4家電で占めています。

ですので、これら4大家電の使い方を見直すことによって、**年間を通した「節電＝電気代の節約」が期待**できます。

毎月の電気代が高いと嘆いているご家庭では、古いタイプの家電を長年使っているケースも多いようです。冷蔵庫のように**24時間使うような家電や、エアコン、照明器具など消費電力が大きい家電については、思い切って「省エネ性能」が高い最新モデルへの買い替え**を検討してもよいかもしれません。

4大家電以外では、「給湯」に要注意です！ **給湯は、お風呂や食器洗いなど、季節を問わずほぼ毎日使用するものですし、多くのエネルギーを消費します。**ガスや電気だけではなく、水道代にも関係してきますので、**日々の給湯についても見直すことが大切**です。**「水道光熱費」全体の節約**にもつながりますよ。

020
家計防衛術

オーバースペックでは意味がない！家庭に合った家電をチョイス

- 最新機種でも本当に家庭に合う家電かよく考えて
- 必要とする機能は何なのか、買う前に再確認
- 売り場では「統一省エネラベル」で電気代もチェック

020

家電製品の省エネ性能は年々高くなっていますが、一方で高機能になったことにより、その部分の消費電力が大きかったりもします。そもそもハイスペックな家電は価格も高めなものが多いですよね……。省エネ性能が高くても、オーバースペックで使いこなせずにいたらもったいない！ご家庭にとって、**本当に必要な機能や重視するポイントは何か？**ここはじっくりと考えて選びましょう。

たとえば、**人気家電のひとつ「洗濯乾燥機」。**毎日のように乾燥機能を使う家庭なら、**乾燥時の電気代を抑えられるヒートポンプ搭載の全自動洗濯乾燥機**が断然おすすめ。ですが、たまにしか使わないなら、**ヒーター式の乾燥機能**で十分だと思います。こちらならヒートポンプ式より価格もお手頃です。

また、省エネ家電を購入する際には、**値札と一緒に省エネ性能がわかる「統一省エネラベル」**が表示されていますので、**1年間の電気代の目安などは必ずチェック**しましょう！

021
家計防衛術

白物家電の買い替え目安は約10～13年 壊れる前に、計画的な購入を！

- 生活に直結する家電だからこそ、しっかり選んで購入
- 洗濯機・テレビは10年、エアコン・冷蔵庫は13年が目安
- 古い家電は電気代の負担も大きい

021

スマホやパソコンは壊れなくても買い替えるのに、**冷蔵庫や洗濯機、エアコンなどは壊れるまで使っているご家庭も多い**のではないでしょうか。ですが、これら白物家電のほうが生活に直結しているので、ある日突然壊れたらとても困りますよね。とくにエアコンや冷蔵庫！　想像するだけでもゾッとします……。

故障してから慌てて家電量販店に行っても、気に入った製品が1カ月待ちだったら、それは諦めて即購入できるものを選ぶしかありません。でも、これから毎日使うであろう家電をそんな理由で選ぶのはすごく残念……。

内閣府の調査では、2人以上の世帯での平均使用年数は、**エアコンや冷蔵庫が約13～14年、洗濯機やテレビが約10年。買い替え理由のトップは「故障」**なので、**新品購入後10～13年が買い替えのひとつの目安。**省エネという観点でも最新モデルのほうが優れていますし、**古い家電を使っていると電気代の負担も大きいので要注意！**

022

家計防衛術

炊飯器、電気ポット、温水洗浄便座…〝あたため家電〟は高コスト！

- 炊飯器や電気ポットなどの保温機能に要注意！
- 炊飯器の保温は4時間、お湯は使う量だけ都度沸かす
- 小さな積み重ねでトータルの節約にもつなげる！

炊飯器や電気ポットなどによる保温は、上手に利用すればとても便利な機能だと思います。ただ、さほど意識せずに、ついつい保温したままで放っておきがちになってることはありませんか？

ご飯を炊いたり、お湯を沸かすための消費電力自体は、それほど気にしなくてもいいと思いますが、長時間の保温は要注意！ご家庭でよく使われている**炊飯器や電気ポット、温水洗浄便座などの熱を発生させる家電**、いわゆる**〝あたため家電〟は、保温機能の消費電力がかなり大きく高コスト！**なので、その使い方を見直すことで電気代の節約になりますよ。

たとえば、**炊飯器の保温時間は4時間以内がひとつの目安**になるでしょう。朝の7時にご飯を炊いたなら、お昼には少し早めですが11時頃まで。**電気ポットも長時間の保温は避け、**できれば**使う量だけを電気ケトルで沸かしましょう。温水洗浄便座の場合は、節電モードがあれば積極的に利用**してください。こうした**小さな積み重ねがトータルでの電気代の節約**につながります。

023

家計防衛術

家庭で使うエネルギーの1／3⁉ 見逃しがちな「給湯」に注目！

- 日常的に使うからこそ、そのコストを意識する
- 待機電力のトップでもある「給湯機器」
- 給湯機器と上手に付き合っていくことが大切！

光熱費の節約で見逃しがちなのが、日常的に使う「給湯」。実は**世帯当たりのエネルギー消費では、給湯が全体の約30%も占めている**のです（資源エネルギー庁「エネルギー白書2020」）。単一の用途では、暖房をしのいで一番です。エネルギーを一番使用しているとなると、当然そのコストも大きくなりますので、**「給湯はすごくコストがかかる」**ということを認識することが大事です。

また、エネルギーだけではなく、**一般家庭の待機電力のトップも給湯機器**です！キッチンで食器を洗ったり、お風呂を沸かしたり、シャワーを使ったりと、給湯機器は生活のいろいろな場面で使われています。でも、使わない時間帯があったとしても、ほかの家電のように目につく場所に電源のプラグがあるわけではないので、プラグをこまめに抜くことで待機電力を「0」にはできないですよね。

ですから、**「給湯＝お湯」はコストが高い**ということを意識して、給湯機器と上手に付き合っていくことが、電気代の節約を考える上では大切なのです。**水でも大丈夫な場面では、できるだけお湯を使うのを控える**ようにしましょう。

024

家計防衛術

壊れた家電は処分にもコストがかかる 使えるうちに手放す計画を

- 家電の平均使用年数を把握しておく
- 壊れる前に手放せば、下取りしてもらえる
- 個人間でやりとりできるネットの地元掲示板も活用！

024

家電は故障して修理不可能になると、行き場がなくなるものです。壊れる前ならリサイクルショップに売ったり、買い替えの際に下取りしてもらえます。

でも、完全に壊れてしまった場合、**エアコン、テレビ、冷蔵庫・冷凍庫、洗濯機・衣類乾燥機の家電4品目は、家電リサイクル法の対象廃棄物**となり、**リサイクル料金を支払って処分する必要があります。**製造メーカーごとに料金が決まっており、**冷蔵庫などは5000円以上かかる場合も！**主要な家電の平均使用年数はインターネットなどでも簡単に調べることができるので、平均使用年数を目安に買い替えを検討し、壊れる前に手放すようにしたいですね。

また、**フリマアプリやネットの地元掲示板**などを活用して、**古くなった家電などは必要な人に無料でお譲りする**という方法もおすすめ。私もネットの地元掲示板を活用していますが、「0円」で出品すると、欲しい方が驚くほどすぐに見つかります！

025

家計防衛術

つけっぱなしだけがいいとは限らない エアコンは室温を一定に保つことが大事

- つけっぱなしにするのは室温を保つためと心得る！
- 30分以内の外出ならつけたままでＯＫ
- つける時間帯や気温などの条件で判断する

025

「エアコンはつけっぱなしにしたほうが電気代は安くなる」とは、シーズンになるとよく耳にしますよね。**たしかにエアコンは、つけはじめに大きな電力がかかります**が、この説は本当なのでしょうか？

エアコンは、**室温が設定温度に至るまでの間は大きな電力がかかり、設定温度に近づくと消費電力はかなり小さく**なります。ですので、**エアコンを切ったら室温が急上昇するような夏の日中などは、こまめに電源のオンオフを繰り返すと余計な電力がかかる**でしょう。**逆に涼しい時間帯であれば、「こまめにオンオフ」をしたとしても、それほど大きな電力はかかりません**。これは、室温が下がって設定温度と室温が近くなり、起動時の消費電力量が少なくなるためです。

つまり、**つける時間帯や気温などの条件により、「つけっぱなし」でもよい場合もありますし、「こまめにオンオフした」ほうがよい場合もある**ということです。

ダイキンの実験結果によると、日中に30分ほど外出する場合はつけっぱなしに、夜間はこまめに停止させるというのがひとつの目安になるようです。

026

家計防衛術

冷暖房の電気代節約のカギは「窓」！冷気や熱気をしっかりガードして

- 家の暖かさや涼しさは窓対策で決まる！
- リフォームできるなら「二重サッシ」は効果絶大！
- 夏は窓の外側、冬は内側からガードする！

冷暖房費を節約するためには、エアコンや暖房器具の使い分けはもちろん、服装などでの対策も必要です。でも、**一番重要なのは、冷暖房を効率よく効かせるために部屋の環境を整えること!**

冷暖房をつけても、せっかくの冷気や暖気を室内にとどめておかなければ意味がありません。**熱は高いほうから低いほうへ移動する、つまり高温部から低温部へ流れます。**冬だと部屋のなかの暖かい空気が寒い外に逃げてしまいますし、夏は暑い外気が冷房を効かせた涼しい部屋に流れ込んできてしまいます。

冷暖房時には、壁や床、天井など、さまざまな部分から冷気や暖気が流出しますが、**とくに窓からの流出は全体の約60~70%を占めています。そのため、「窓」への対策が重要**です。**「二重サッシ」にリフォームすれば効果は絶大**なのですが、かなり費用がかかります。すぐにできる窓対策としては、**夏は可能な限り窓の外側で日射を遮り、冬はカーテンなどで内側から遮熱する**こと! 夏は外の熱気が室内に入るのを防ぎ、冬は室内の暖気が逃げるのを防ぐことができますよ。

少しの工夫で効果絶大！窓対策と扇風機＆サーキュレーター

冷暖房時、家の開口部から流出・流入する「熱」の割合をみると、冬の暖房時には58％、夏の冷房時には73％と、冬も夏も窓からが一番多くなっています。また、部屋の温度は、窓からの外気（冷気や熱気）に大きく左右されるので、冬は暖房効果を上げるため、夏は冷房効果を上げるために「窓対策」が重要です。窓対策をしっかりと行うだけで、冷暖房費をかなり節約することができます。

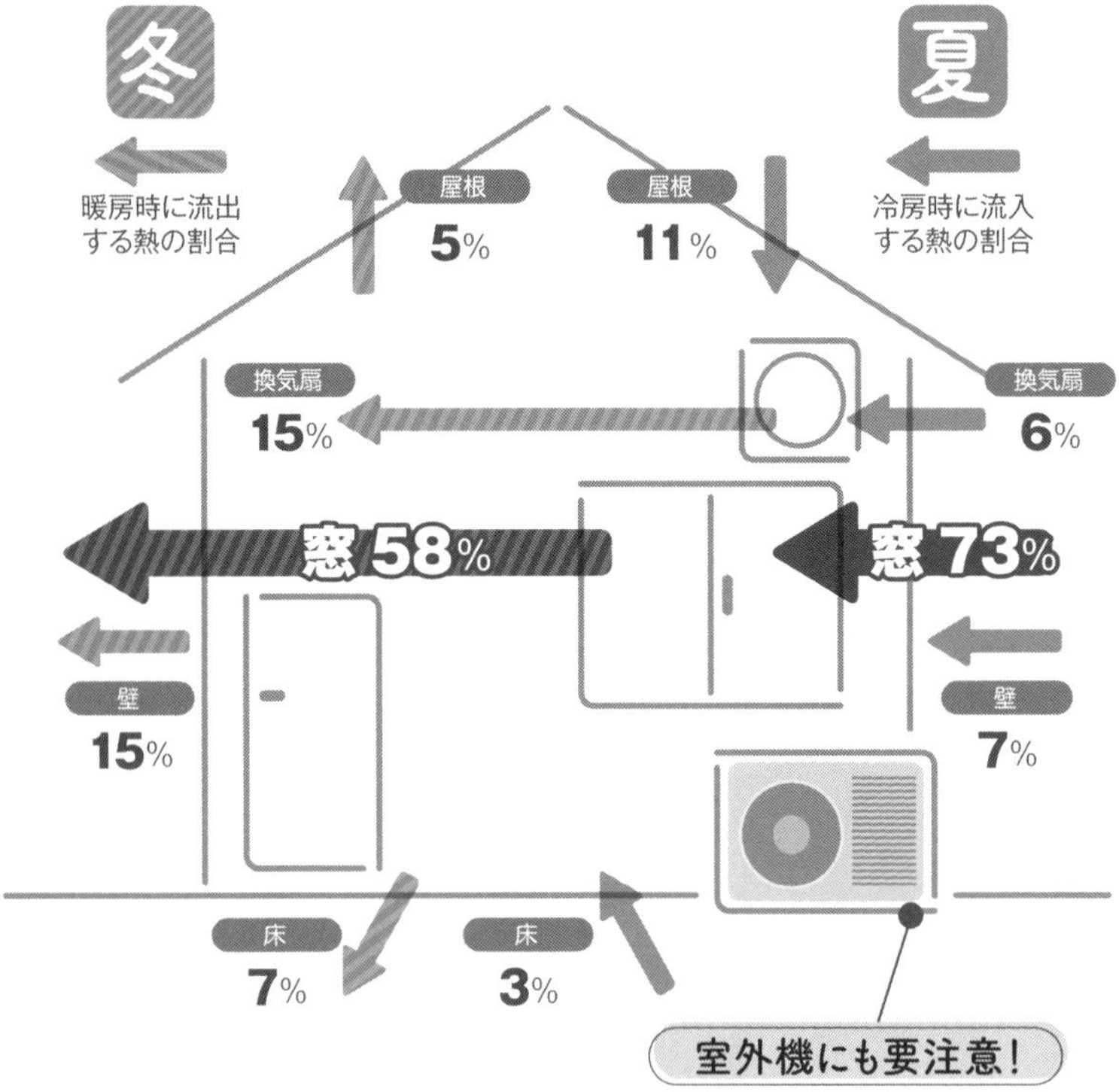

室外機はエアコンの心臓部です。室内でエアコンを効率よく運転させるためにも、室外機の環境を要チェック！室外機の前に壁などがあると、本来の役目を果たせません。また、直射日光が当たる場所もNG。消費電力が大きくなったり、冷房のパワーが弱くなったりするので、日よけを作ったり板を乗せるなどの工夫が必要です。

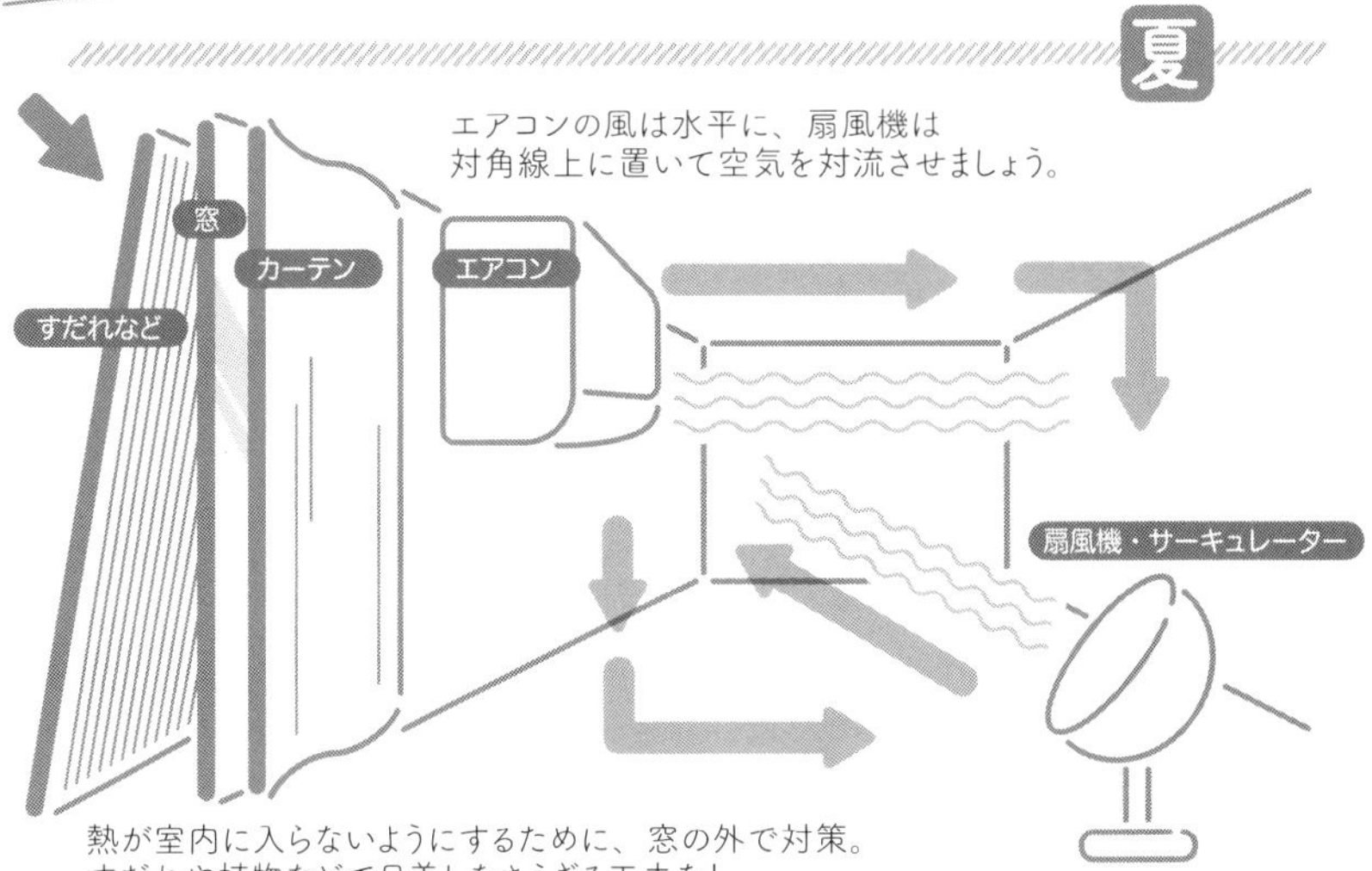

エアコンの風は水平に、扇風機は対角線上に置いて空気を対流させましょう。

熱が室内に入らないようにするために、窓の外で対策。すだれや植物などで日差しをさえぎる工夫を！

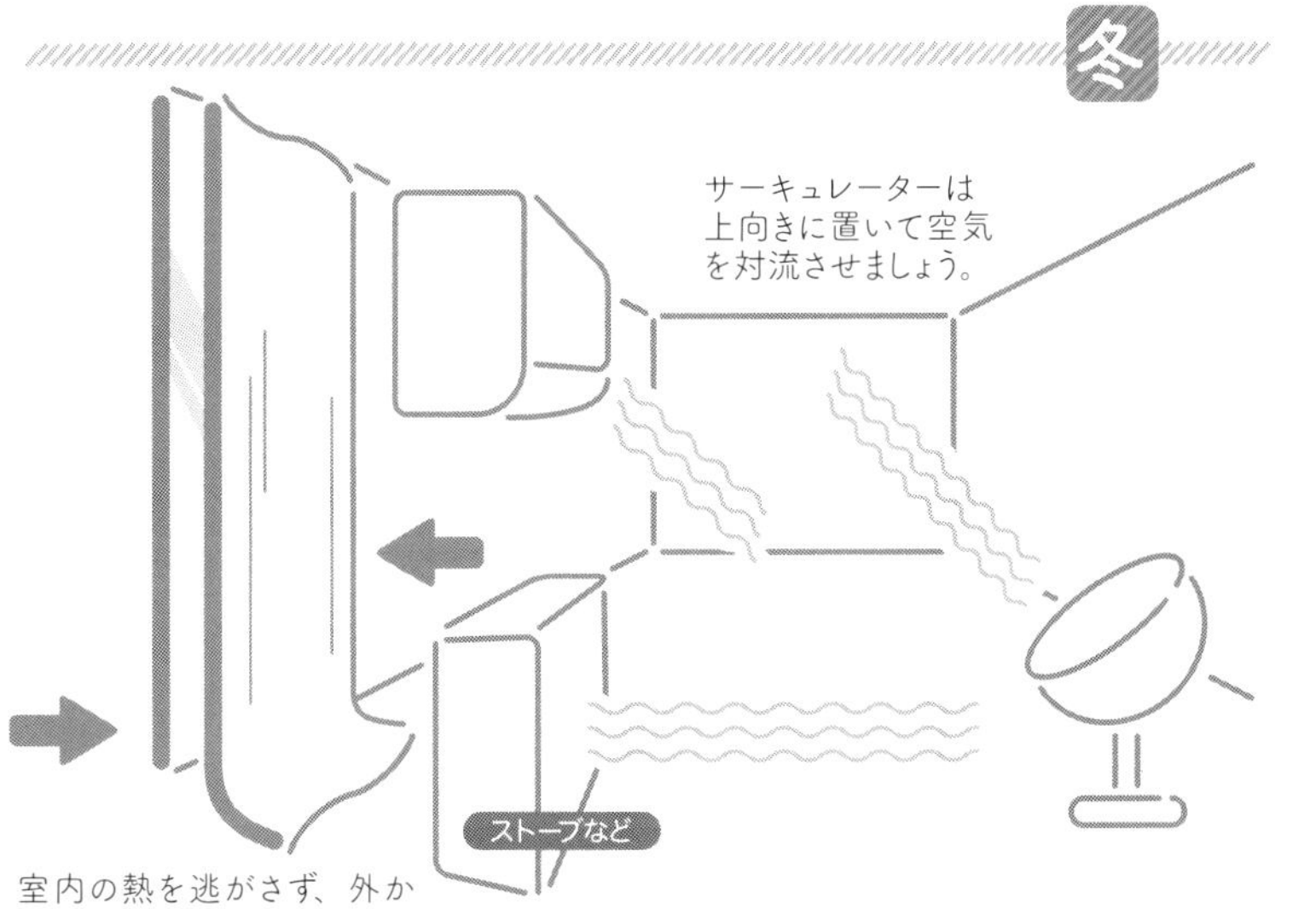

サーキュレーターは上向きに置いて空気を対流させましょう。

室内の熱を逃がさず、外から冷気が入らないようにするため、窓の内側で対策。カーテンを厚く・長くしたり、ガラスやサッシに断熱シートやテープを貼るのもおすすめ！

ストーブやファンヒーターなどの暖房器具は、窓を背にして置くと、すばやく効率よく部屋が暖まります。室内温度がある程度上がるまではエアコンと併用してもいいでしょう。

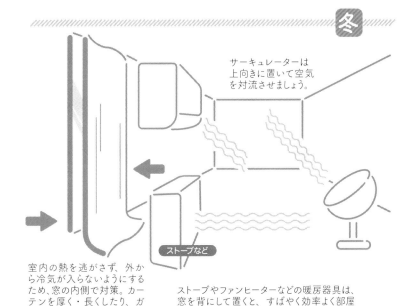

027

家計防衛術

冷房も暖房も、1℃変えるだけで10%以上も電気代ダウン！

- 「設定温度は控えめに」を心がけて
- 室温と設定温度の温度差に気をつける
- 風量は「自動」に設定するのが正解

冷暖房でエアコンを使う際、**夏の冷房時には温度設定を1℃高くすると約13%、冬の暖房時には温度設定を1℃低くすると約10%も消費電力の削減**になります。

たとえば、夏に30℃の部屋を26℃にしたい場合、4℃下げればいいですよね。一方、冬に10℃以下の部屋を20℃にするには10℃以上も温度を上げることになりますので、**暖房のほうがパワーが必要で、電気代もかかります。**室温と設定温度との差が大きくなりがちな暖房でとくに気をつけたいのは、温度差が大きくなりすぎないようにすること。**「設定温度は控えめに」を心がける**ようにしましょう。

また、**夏の冷房時の室温は28℃、冬の暖房時の室温は20℃が目安といわれていますが、これはエアコンの「設定温度」ではありません!**あくまで**室温の目安**ですので、**温湿度計を確認しながら適切にエアコンを使用**してください。温湿度計なら室内の温度も湿度もわかるので、エアコンの温度設定も調整しやすいと思います。さらに節電のためにも、**エアコンの風量は運転開始から「自動」に固定しておくと、最小限の電力で快適な温度を保つ**ことができますよ。

028

家計防衛術

「ドライ運転で節電」は勘違い！冷房よりも電気代が高くなることも！

● 一般的なドライ運転＝「弱冷房除湿」は除湿量は少なめ

● 実は…、ドライ運転は除湿量も少ない！

● 使うタイミングを絞って上手に活用しよう

028

エアコンの「除湿」や「ドライ」での運転は、通常の「冷房」運転よりも除湿もできる上に、節電にもなりそうですよね。でも、実は違うんです！

エアコンの冷房は、空気を冷やして結露を作り、その水をドレンホースから外に排出する仕組みで室温も湿度も下げます。短時間で部屋を冷やしたいときや、蒸し暑くて温度も湿度も大きく下げたいときにおすすめです。

一方、**多くのエアコンに搭載されている除湿機能は、「弱冷房除湿」**と呼ばれ、その名の通り弱い冷房のようなもの。**電気代は安くなりますが、室温はあまり下がらず除湿量も少なめ**です。**軽く除湿したいときや、休日などの長時間使用**で省エネもしたいときにおすすめです。また一部の機種には**「再熱除湿」と呼ばれる温度を下げずに湿度を下げる除湿機能**が搭載されています。温度を下げずに湿度だけを下げるので、**梅雨の寒い時期、就寝時や就寝前の運転におすすめ**です。

ただ、こちらは**冷房運転より電気代が高くなります。節電を考えるなら、「除湿」や「ドライ」より、「冷房」運転で設定温度を控えめにするのが一番です！**

029

家計防衛術

扇風機は夏、サーキュレーターは冬 エアコンと併用すると節約に！

- 夏は扇風機で体感温度を下げる
- 冬はサーキュレーターで部屋全体を暖かく
- 併用してエアコンの設定温度は控えめに！

029

冷暖房でエアコンを使う際には、**扇風機やサーキュレーターの併用**がおすすめです。**夏は風が体にあたると涼しく感じますし、逆に冬は暖まった空気を循環させる**ことができます。結果として、**エアコンの設定温度を控えめにできますので、節電には非常に効果的**です。

「2つの家電製品を同時に使って節電になるの!?」と驚かれる方もいますが、**扇風機やサーキュレーターの電気代は、1時間の使用でもわずか1円以下**です。気にするような消費電力ではないので、ぜひ併用するといいでしょう。

夏の冷房時なら、エアコンと扇風機の併用がおすすめ！ **扇風機の風にあたると体感温度が2℃くらい下がる**といわれています。28℃設定で扇風機を使った場合、26℃くらいの体感温度になるので、エアコンだけよりも涼しくて節電に。

また、**冬の暖房時なら、エアコンやファンヒーターとサーキュレーターの併用**がおすすめです。**部屋の窓側から天井方向に向けて風を送ることで、部屋全体が暖まるので暖房効率がよくなり**、暖房費の節約につながります。

030
家計防衛術

暖房器具は大きく分けて3タイプ 場所や目的によって使い分けを

- 空気をかき混ぜて部屋全体を暖める「対流式」
- 発生した熱の分だけ暖める「輻射式」
- 直接体が触れて熱を伝導させる「伝導式」

030

暖房器具は、大きく分けると「対流式」「輻射式《ふくしゃ》」「伝導式」の3つの方式があります。ここでは、3タイプの特徴や適した用途などについて簡単にご紹介しますので、購入を検討する際の参考にしてください。

【対流式】**エアコン、ファンヒーター**など。温風などで空気をかき混ぜて部屋全体を暖める「強制対流」の暖房器具です。運転開始後すぐに温風が吹き出すので、広い部屋でも素早く暖まります。**大人数で過ごすときにもこちらがおすすめ。**

【輻射式】**パネルヒーター、オイルヒーター、ハロゲンヒーター、ガスストーブ、電気ストーブ**など。熱を持った物体が放射（輻射）する熱を利用した暖房器具です。部屋が暖まるまでにやや時間がかかり、暖房費は高め。広い空間を暖めるには不向きですが、**洗面所などでの短時間の使用ならパネルヒーターがおすすめ。**

【伝導式】**ホットカーペット、電気毛布、電気あんか**など。体が接触することでダイレクトに熱が伝わる暖房器具で、消費電力は少なめ。**一人で過ごすときなどは、エアコンの設定温度を低めにしておいて、これらを併用するのがおすすめ。**

031

家計防衛術

冬は必ず加湿を！ 湿度が高いと体感温度もアップする

- 加湿してエアコンの温度設定は控えめに
- 加湿器のタイプによる特徴をチェック！
- それぞれのメリット・デメリットを知ってうまく使う

031

加湿器は、水を空気中に放出する方法ごとに分けられ、**「スチーム式（加熱式）」「超音波式」「気化式」「ハイブリッド式（加熱気化式）」の4タイプ**があります。ここでは各々の特徴や適した用途などについてのポイントを簡潔にご紹介します。**加湿することで体感温度を上げ、エアコンの温度設定を控えめに**できれば、暖房費節約にもつながります。

【スチーム式】 **水をヒーターで加熱し水蒸気を発生させる**タイプで、水を沸騰させるため**菌が繁殖しにくく衛生的**です。室温を上げる効果もありますが、**電気代は高め**です。

【超音波式】 **超音波で水を霧状にして噴射するタイプ**で、ヒーターを搭載していないので本体が熱くなりません。**こまめなお手入れが必要**ですが、**電気代は安い**です。

【気化式】 **水をフィルターに含ませ風をあて蒸発させるタイプ**で、ヒーターを搭載していないため本体が熱くなりません。**送風量が多くなりがち**ですが**電気代は安い**です。

【ハイブリッド式】 **「スチーム式と気化式」「超音波式とスチーム式」**など、**複数の方式を組み合わせたタイプ**です。各方式のよい部分が取り入れられているため、**「加湿量」「価格」「お手入れ」「電気代」などトータルでバランスがいい**のが特徴です。

032

家計防衛術

冷蔵庫の2個持ちはNG！大型冷蔵庫1個のほうが節約に

- 冷蔵庫のサイズと消費電力は比例しない
- 小型2個より大型冷蔵庫の1個持ちがベター
- 買い替えるときは省エネ性能もチェック！

コロナ渦による生活環境の変化もあり、以前より食材をストックする量が増えたという方も多いかと思われます。そのために小型冷蔵庫をもう1台増やし、2台の冷蔵庫を持つようにしたというご家庭もあることでしょう。

でも、実際は**冷蔵庫のサイズと消費電力は比例しない**もの。冷蔵庫は大型ほど断熱材を使えるため、なんと**ひとり暮らし用サイズの冷蔵庫より、ファミリーサイズの冷蔵庫のほうが電気代はかからない**のです。小型サイズの冷蔵庫を2台持つよりも、大型冷蔵庫1台にしたほうが電気代は断然おトク。**大きなサイズを選ぶのが、冷蔵庫選びのポイント**です！　**４人家族の場合なら、作り置きや買いだめのストックも考えると５００L以上がおすすめ。**

また、冷蔵庫を検討する際には、**値段とあわせて省エネ性能も必ずチェック**するようにしましょう。ご家庭の使用状況を学習して、省エネ運転を自動的に行う「節電モード」搭載のモデルなどもあり、**節電機能も年々向上**しています。とくに**古いタイプの冷蔵庫を使っているようでしたら、買い替えるメリットは大**です！

033

家計防衛術

冷蔵庫カーテンは節電効果ナシ！それよりも庫内の整理が先決

- 庫内の冷気の滞りなどによって食品が傷む原因に
- 開閉時間が増えて、電気代がかかる場合も
- 庫内を整理すれば省電力、食費の節約にも！

033

節電効果を狙った「冷蔵庫カーテン」。冷蔵庫の開閉時に庫内の温度の上昇を防ぐ便利アイテムとして、取り入れている人も多いかと思います。

ですが、**その効果はほぼナシ！ 庫内にカーテンをすることで、冷気が滞り、食品が傷みやすく**なります。**とくにドアポケットの食品は、そこまで冷気が届かずに食品が傷む**恐れが高くなります。また、食品がたくさん詰まっている庫内にカーテンを付けると、目当ての食材を探すのにもひと苦労。**冷蔵庫を開けている時間が長く**なり、電気代が通常よりかかってしまうことも……。

節電のためということでしたら、**冷蔵庫カーテンを取り付けるのではなく、庫内の整理をおすすめします**。冷蔵庫を見渡し、使いかけの野菜が残っていたらすぐ使うようにしたり、冷蔵保存しなくていいものがあったら外に出して保存するようにしたりと、**冷蔵庫のなかをスッキリさせることによって、省電力で冷蔵庫を冷やす**ことができます。さらに、**冷蔵庫の食材を使い切ってから買い出しへ行くようにすれば、結果として食費の節約にも**つながっていきますよ。

034

家計防衛術

冷蔵庫はスッキリ整理、冷凍庫はキッチリ詰めるのが鉄則！

- 冷蔵室は吹き出し口をふさがないことを意識
- ものを詰めすぎず、冷蔵庫内に冷気の通り道を作る
- 冷凍室はものを詰めてクーラーボックス化！

034

冷蔵室は冷気の循環がちゃんとできていない状態だと、余計に電気代がかかってしまいます。**冷気が出てくる吹き出し口をふさがないように注意**しましょう。ほとんどの冷蔵庫は、吹き出し口が庫内の奥の壁にあり、小さい穴がいくつか開いています。**食品がたくさん入っていると吹き出し口をふさいでしまい、手前まで冷気がこなくなってしまいます。**そうすると、**さらに冷気を出そうと動くため、余計に電力を使ってしまう**のです。

開封前の食品や調味料など、冷蔵庫に入れなくてもいいものを入れていませんか？　まずはそこを見直してみましょう。**スッキリした庫内なら、冷気が通って全体が冷えやすく、電気代が抑えられます。**

逆に冷凍室は、キッチリとギュウギュウに食品を詰めたほうが節電に。クーラーボックスと同じように、**凍っているもの同士で冷し合うことができるため、保冷の効果が高まります。**

035

家計防衛術

〝つけたままのほうがおトク〟は間違い 照明は常にこまめに消すべし！

- 短時間でも、消したほうが電気代は安くなる！
- 蛍光灯の場合、オンオフを繰り返すことで寿命は縮む
- こまめに消したり、掃除する習慣をつけるべし

「照明器具はつけっぱなしがおトク」というウワサ…ありましたよね。スイッチを入れて点灯した瞬間に大きな電力を使うので、ひんぱんに消さないほうがいいなど……。はっきり言います、そんなことはありません。これは明らかに間違い！ **照明はごく短時間でも、消したほうが電気代も抑えられます。**

点灯した瞬間に、何分間もつけていたときほど大量の電力が消費されることはないので、**使わないならこまめに消す**という習慣をつけましょう。

ただ、**蛍光灯の場合、つけたり消したりを繰り返していると寿命が縮む**というのは事実。ですから、**蛍光灯は1日に何度も点灯や消灯をしない部屋に使う**など、場所を選んで使うのがいいでしょう。

また、**照明器具は掃除も大事。1年間掃除をしないと、明るさが約20%低下する**のだとか。こまめに消灯、掃除をするという習慣をつけ、省エネ&節約を目指しましょう。

036

家計防衛術

LEDは照明器具の救世主！活用することでグッと省エネに

● 消費電力は、白熱球の約10分の1、蛍光灯の約半分！

● 点灯消灯を繰り返しても寿命が短くならない

● 「人感センサー」「スマートプラグ」の活用もおすすめ

036

圧倒的な省エネ性能を誇るLEDは、照明器具の救世主！その消費電力は、なんと**白熱球の約10分の1、蛍光灯と比べても約2分の1**です。

蛍光灯と違い、**点灯や消灯によって寿命が短くならない**のもうれしいポイント。**蛍光灯に比べると価格は高め**ですが、LEDは**寿命も蛍光灯の約4倍**と長持ちですので、**長期的に見ればやはりおトク**です。最近は価格も手頃になってきましたので、生活に取り入れない手はないでしょう。

人の動きを感知すると自動でライトが点灯する**「人感センサー」を搭載したLED電球もおすすめ**です。誰もいなければ自動で消灯するので**消し忘れもなく、電気代の節約に**もなります。玄関などで使うといいかもしれませんね。

より便利なWi-Fi機能を備えた**「スマートプラグ」なども、LED電球とあわせて使うととても便利**です。このプラグに**家電製品を接続するだけで、スマホなどから遠隔操作が可能**に！タイマー機能もありますので、照明器具を接続し、「18時点灯」などと設定しておけば、留守時の防犯対策としても役立ちますよ。

037
家計防衛術

テレビは「なんとなく」つけない！主電源はオフしなくてOK

- 「とりあえずテレビ」と電源を入れない
- 待機電力はほぼかからないので、主電源は切らない！
- 主電源を切ると、データの再取得などに電気代がかかる家電製品の待機電力を極力減らすために、電源プラグを抜いたり、主電源を切るという電気代の節約法があります。ですが、最近の家電は、待機電力がかからないものがほとんど。かなり古いタイプなら別ですが、待機電力についてはあまり気にしなくていいと思います。これはテレビの場合も同じです。

ごく一般的な液晶テレビの場合、常に主電源が入ったままの状態でリモコンを使って電源のオンオフを行っても、**待機電力にかかるお金はごくわずか。1年間で20〜30円ほど**ですので、**主電源を切る必要はない**でしょう。

また、現在はテレビ放送を観るだけではなく、テレビに番組表を表示したり、動画配信サービスやネット動画を観たりもしますよね。これらは**主電源を切るとデータを再取得しなければなりません。それによって、逆に時間も電気代もかかる**ことになってしまいますので、待機電力は気にせず、効率よくテレビを使うことを考えましょう。いつもなんとなく「とりあえずテレビ」という人は、観たい番組以外はテレビをつけないようにすることも大事ですよ！

038

家計防衛術

液晶テレビは「輝度」の調整を自動センサーがあればオンに！

- 液晶テレビはバックライトの消費電力に注目！
- テレビ画面の輝度を調整することで省エネに
- 観る番組によって電気代が違う!?

液晶テレビの場合、液晶画面自体が発光するのではなく、その画面を後ろからバックライトが照らすことで発光しています。**テレビの消費電力の大半は、実はこのバックライトの消費電力**なのです。スマホやパソコンと同じように、テレビの場合も**画面の輝度によって消費電力が変わってきます**。つまり、**暗くすればするほど電気代が安くなり、明るくすればするほど電気代がかかる**というわけです。

今の液晶テレビは、**自動で画面の明るさを調整するセンサーが搭載**されている場合がほとんど。部屋の明るさに応じて輝度を調整してくれますので、**センサーをオンにしておく**といいでしょう。もしかしたら納品された際に、「ダイナミック」モード（メーカーによって名称は異なります）などという、**もっとも明るい輝度に設定されていることがあるので、必ず確認**してみてくださいね。

電気代節約のために観る番組を選ぶことはないと思いますが、**映像のジャンルによっても電気代は変わります**。実は、画面が明るいバラエティ番組などより、画面が暗いホラー映画や昔の時代劇などのほうが電気代はおトクなんです（笑）。

039

家計防衛術

超微細な有機ＥＬテレビはその分消費電力量が大きい

- 話題の有機ＥＬテレビは、美しい映像が魅力
- 液晶テレビに比べて電力消費量は１・５倍！
- どんな節電機能が自分に必要かをよく考えて検討

039

次世代型テレビとして評判の「有機ELテレビ」。鮮やかでダイナミックな映像を観ることができるので、自宅のテレビで映画鑑賞をしたり、スポーツ観戦を楽しみたい人にはうれしいテレビですよね。

液晶テレビの場合、斜めから画面を見ると暗く見えたりしますが、有機ELテレビは視野角（正面ではなく、上下左右にずれた位置から画面を見たときに正常に見える角度）がほぼ180度とかなり広いため、どの位置からでもクリアな映像を楽しむことができます。**リビングに集まって家族で映画を観たり、大人数で映像を観たりするときにも便利**だと思います。**でも、液晶テレビに比べると、まだまだ本体価格も高いですし、消費電力もおよそ1・5倍**と大きいんです！

最近のテレビは、一定時間操作をしないと**自動的に電源がオフになる機能や、テレビの前から人が離れると画面を消すという人感センサー機能など、節電機能も年々進化**しています。テレビの買い替えを検討する際には、**「自分にとって必要な機能は何か」**という点をよく考えて選ぶようにしましょう。

040

家計防衛術

便利な洗濯乾燥機は使い方によってタイプを選ぶ

- 洗濯乾燥機はタイプによって電気代に大きな差がある
- お手頃なヒーター式の乾燥は電気代が高め
- 高価なヒートポンプ式の乾燥は省エネで節電効果も高い

全自動洗濯乾燥機をお使いのご家庭が増えてきました。この乾燥機能を大きく分けると、**電気をそのまま熱に変えて乾燥する「ヒーター式」**と、**大気を利用して熱に変えて乾燥する「ヒートポンプ式」**があります。イメージとしては、**ヒーター式はドライヤー、ヒートポンプ式は除湿機**といったところでしょうか。

同じ乾燥機能ですが、このヒーター式か、ヒートポンプ式かによって、**ランニングコストには大きな差**があるのです。洗濯だけならさほど電気代はかかりませんが、乾燥機能を使うと電気代は一気に上がります。

ヒーター式の乾燥機能が付いたモデルの場合、**本体価格はお手頃ですが電気代は高め。**乾燥機能は予備と考え、**最低限の時間に抑えて使えば省エネ**できます。

一方、**ヒートポンプ式の洗濯乾燥機**の場合、**省エネで節電効果も高い**のですが**本体価格は高額**です。すべて洗濯機にお任せという子育て世代なら、乾きも早いヒートポンプ式がおすすめ！ **買い替えを検討する際には、乾燥機能の使用頻度や電気代なども考える**ことが大事です。

041

家計防衛術

浴室乾燥機のタイプを確認コストを理解しかしこく使う

- 節約を考えると、外干しが一番省エネ！
- 電気式の浴室乾燥機は電気代がかかる
- ガス温水式のほうが早く乾き、電気代も安いカラっと晴れた日に外で洗濯物を乾かすのは気持ちがいいものですし、なによりコストもかかりません。

ですが梅雨時や夕立が多い夏場、花粉症の季節など、干したくても干せないという季節もありますよね。浴室乾燥機のあるご家庭なら、そんなときは部屋干しと浴室乾燥機を併用することも多いのではないでしょうか。

浴室乾燥機のメリットとしては、「洗濯乾燥機では乾かすことのできないデリケートな衣類でも平気なこと」「湿気の多い季節は浴室自体のカビ防止の効果もあること」などが挙げられます。浴室乾燥機には、ガス温水式や電気式がありますが、気になるのはそのランニングコストです。

ガス温水式のほうが短時間で乾き、コスト的にもかなり安いのが特徴。**電気式はドライヤーを何時間も使うようなものですから、かなり電気代はかかります。**

ただ、オール電化のお宅や時間帯別電灯プラン（深夜電力が安いプラン）などを利用し、夜間に乾燥をさせる場合にはコストもかなり抑えられるでしょう。

小さなことからコツコツと！ 家電のちりつも節約法

家電製品の省エネ化は毎年進んでいますので、古い機種から新しい機種へ買い替えるだけでも、10年以上前のモデルと比べると年間1万円以上の節約になる場合も珍しくありません。また、使い方次第ではさらに電気代を抑えることも可能です。ここでは、省エネ性能に優れた家電ごとの節約法とその効果（1年間で節約できる金額）をまとめました。家電ひとつずつでは大きな金額ではありませんが、家庭の家電をトータルすると、ちょっとした毎日の積み重ねが大きな節約効果へとつながりますよ。

冷蔵庫

・ものを詰め込みすぎない …… 約1,180円
（詰め込んだ場合と半分にした場合）

・ムダな開閉はしない …… 約280円
・開けている時間を短く …… 約160円
（開けている時間が20秒間と10秒間の比較）

・設定温度は適切に …… 約1,670円
（周囲温度22℃、設定温度を「強」から「中」にした場合）

・壁から適切な間隔で設置 …… 約1,220円

年間約4,510円 おトク!!

温水洗浄便座

・使わないときはフタを閉める …… 約940円
・暖房便座の温度は低めに（中→弱） …… 約710円
・洗浄水の温度は低めに（中→弱） …… 約370円

年間約2,020円 おトク!!

エアコン（冷房）

・設定温度を1℃上げる……約820円
（気温31℃で、設定温度を27℃から28℃にして1日9時間使った場合）

・冷房をつける時間を1時間減らす……約510円
（設定温度28℃の場合）

・フィルターを月に1回か2回掃除する……約860円

1シーズン約**2,190**円おトク!!

エアコン（暖房）

・設定温度を1℃下げる……約1,430円
（気温6℃で、設定温度を21℃から20℃にして1日9時間使った場合）

・暖房をつける時間を1時間減らす……約1,100円
（設定温度20℃の場合）

1シーズン約**2,530**円おトク!!

照明器具

・蛍光灯をLEDに買い替え……約1,840円
（1日5～6時間点灯する蛍光灯シーリングライトをLEDシーリングライトに買い替え）

・白熱電球をLEDに買い替え……約2,410円
（1日5～6時間点灯する白熱電球をLEDランプに買い替え）

年間約**4,250**円おトク!!

テレビ

・画面の明るさを調整……約730円
（自動的に画面が適切な明るさになる機能をオンにした場合：液晶テレビ32V型）

年間約**730**円おトク!!

※「省エネ性能カタログ2022年度版」（経済産業省資源エネルギー庁）より一部抜粋

042

家計防衛術

水とお湯では約3倍のコストの差！お湯を節約することに意識を

- お湯はコストがかかることを忘れない
- 毎日15分間の使用なら、年間3万円以上の差！
- 節水だけでなく「お湯の節約」も考える

「お湯はコストが高い」ということをお話ししましたが、水と比べると具体的にどのくらい高いのかご存じでしょうか？

蛇口から水を出すと、1分間あたり約12Lとなります。資源エネルギー庁の試算によると、この同じ1分間で水（15℃）を出したときと、ガス給湯器のお湯（45℃）を出したときのコストの比較では、**水の場合は約3・1円、お湯の場合は約8・8円。実に水とお湯とでは3倍近いコストの差**があるのです！

もしも毎日朝晩に15分間、食器を洗った場合のコストを考えてみましょう。水を流して食器を洗った場合と、お湯を流して食器を洗った場合だと、**その差はなんと年間で約3万1000円**です！

給湯はいかに光熱費がかかるか、実感としておわかりいただけるのではないでしょうか。これを知ると、お湯の使い方も変わってきますよね。

「節水」というとみなさん意識すると思うので、これを機に「お湯を節約する」という考えも持ってください。

043
家計防衛術

追い焚きよりも新しくお湯張りを効率よく光熱費を抑える

- 追い焚きよりも給湯器でお湯を張るほうが安い
- 家族の入浴時間はまとめて、なるべく続けて入ること
- 残り湯は翌日の洗濯に使うなど活用を

043

お風呂の追い焚きと、給湯機器からお湯を張るのを比べた場合、給湯機器からダイレクトにお湯を入れたほうがおトクです。そのほうが**熱効率もよく、お湯も早く溜まるので光熱費は安く**なります。

ご家族の場合、入浴時間が飛び飛びになって、入浴する間隔が開いてしまうこともあると思います。**一晩のうちに何度も追い焚きすると、それだけムダなお金がかかってしまいます**。どうしても難しい場合を除き、家族で協力し合って、なるべく続けて入浴するようにしましょう。

また、入浴後のお湯をそのまま残して、翌日に沸かし直して入るということもあるかと思います。**夏であれば、翌日もまだお湯も少し温かく、追い焚きも短時間で済む**ことでしょう。ですが、**冬になると翌日には冷たくなっているはずですので、新たにお湯を入れ替えたとしても、さほど光熱費に差はない**と思われます。翌日以降の追い焚きは、衛生面でも少々気になりますし、あまりおすすめできません。残り湯もムダにしないよう、洗濯などで活用するのがベストです。

044

家計防衛術

うっかり3倍高い水を使わない！お湯を使わない環境を作る

- シンクのレバーは完全に水側にする
- ぬるいお湯もきっちり3倍の水と心得る！
- 給湯パネルのスイッチは使わないときはオフに！

044

日常生活のなかで、お湯をうっかり使ってしまうということはありませんか？たいていのご家庭のシンクは、シングルレバーの混合水栓ではないかと思います。片方にレバーを回すと水が出て、もう一方にレバーを回すとお湯が出るタイプのものです。レバーを完全に水側に回しておけばよいのですが、微妙に真ん中の位置にしておくと、ぬるいお湯が出たりしますよね。この**ぬるま湯でも、しっかり水の3倍の料金がかかってしまうんです！**このような**〝3倍高い水〟をうっかり使うのは避けたい**ところ。**お湯を使い終わったら、必ず混合水栓のレバーを水側にしておく**ということを習慣にしてください。

また、**給湯パネルのスイッチをこまめに切ることも大事**です。セントラル給湯方式の場合、キッチンや浴室などに給湯パネルが設置されているかと思いますが、このスイッチはお**湯を使用するとき以外は必ず消して**おきましょう。**これは給湯機器や給湯パネル自体の待機電力をカットする意味もありますが、不用意にお湯を流してしまうのをなくすためにもとても有効**です。

045

家計防衛術

シャワー5分間で1万5000円!?使用目安は16分間まで！

- シャワーだけで済ませるなら16分間以内に
- その都度止めやすいシャワーヘッドもおすすめ
- ファミリーは浴槽入浴との併用で節約に

045

浴槽にお湯を張るか、シャワーだけで済ませるか？　これもよく話題に上がるトピックですね。**シャワーだけで済ませるなら、その目安の時間は16分間！シャワーを16分間使い続けると、そのお湯で浴槽がいっぱいになる**といわれています。ひとり暮らしで、夏にシャワーでさっと汗を流すくらいであれば問題ありません。でも、**これが4人家族で全員が使うとなると、30分間くらいはシャワーを使うことになるでしょう。そうなるとやっぱり浴槽併用のほうが安く済みます。**シャワーを使う場合は、「16分間」をひとつの基準にするといいですね。

入浴中のシャワーの使い方としては、**「その都度止める」ことも意識**しましょう。シャンプー中などでも、常にシャワーを流しっぱなしにしている人もいると思いますが、それはNGです。**1分間シャワーを止めると年間約3000円、5分間なら1万5000円の節約**です！　当たり前のことですが、ムダにお湯を流しっぱなしにしないよう心がけましょう。手元の止水ボタンで手軽にオンオフができる「節水シャワーヘッド」なら、その都度止めることも苦になりませんよ。

046

家計防衛術

〝あたため家電〟とうまく付き合う 保温機能はなるべく使わない

- お湯は必要な量だけ、電気ケトルかやかんで沸かす
- 炊飯器の保温よりも電子レンジのほうが断然おトク
- 10時間保温すれば1回の炊飯とほぼ同じ

046

節電を考えるなら、**電気ポットや炊飯器などのように保温機能のある〝あたため家電〟は、できるだけ使用を控えたほうがいい**でしょう。

お湯を沸かすには、コンロで沸かすやかんか、電気で沸かす電気ケトルや電気ポットを使うのが一般的です。手軽で便利な電気ケトルを使うという人も多いのでは。**電気ケトルは、沸騰すると自動的に電源が切れますし、保温機能もありませんので、それほど電気代もかかりません。**電気ポットも便利ですが、保温をする分電気代がかかるので、なるべく使わないほうがいいと思います。**お湯を沸かすだけなら、やかんや電気ケトルで必要な量を沸かす**ようにしましょう。光熱費で考えると、コンロでも電気でもさほどの差はありません。

炊飯器の場合は、**保温する時間をできるだけ短くし**、炊き上がったら早めに食べ切るか、余ったご飯は冷凍するようにしてください。**4時間以上保温するのなら、冷ご飯を電子レンジで温め直すほうが断然おトク**です。**10時間の保温は、新たに炊飯するのと同じ**くらいの電力を消費するので要注意！

047

家計防衛術

温めることだけを考えると ワット数が大きいほうがおトク

- 電子レンジのワット数は消費電力を示すものではない
- ワット数が大きいほうが短時間で温まる
- 使用時間が短いほうが電気代を抑えられる

047

家庭用の電子レンジには、「５００Ｗ」や「１０００Ｗ」など、さまざまなＷ（ワット）数が書かれたボタンがあります。冷凍食品などを温めるときは「５００Ｗ」、急いで解凍したいときは「１０００Ｗ」などといった使い方や、節電のために「１０００Ｗ」は滅多に使わないという人も多いのではないでしょうか。

実はこの**「Ｗ（ワット）」というのは、消費電力の値ではない**のです。これは、**「ものを温めるエネルギー」を示す数値**です。

たとえば、「５００Ｗ」と「１０００Ｗ」ではワット数が倍違うので、**１０００Ｗのレンジなら1分間で温まるものが、５００Ｗのレンジだと2分間かかる**ことになります。でも、**温める力が倍になったとしても、電気代が倍になるわけではありません！**

大きいワット数で温めると加熱ムラが起こったり、液体が突然激しく沸騰したりすることもありますが、**単純に温めることだけを考えると、大きいワット数のレンジのほうが使用時間も短く、電気代も安くなります。**

048

家計防衛術

光熱費をトータルで考えて電子レンジをかしこく活用!

- 野菜の下茹でに使えば、トータルの光熱費はお得!
- 丸いお皿に乗せると効率よく温まる
- 庫内の掃除を習慣に! 温まりやすさがアップ

048

電子レンジは長時間使うような家電ではないので、**うまく活用することによって光熱費を節約**できますよ。たとえば、根菜の下茹で。お湯を沸かしてイチから茹でるよりも、**あらかじめ電子レンジで加熱して野菜をやわらかくしてから調理**することで、光熱費トータルでの節約になります。

「電子レンジあるある」のひとつですが、四角いケースに入った冷凍グラタンなどを温めたとき、角は温かいのに中央が冷たいといった経験はありませんか？

電子レンジのマイクロ波は角に集中する特性があるので、こうした現象が起こるのです。それを回避するために、**食品は丸いお皿や保存容器に入れる**とグッド！　**ご飯を冷凍するときは丸く平たく**しておくと、**解凍する際に加熱ムラが少なくなり、加熱時間も短くて済みます**。また、**庫内に食品が飛び散ったまま汚れていると、その汚れまで加熱しようとするため、食品の温まりが悪く**なります。まめな掃除も大切ですよ。

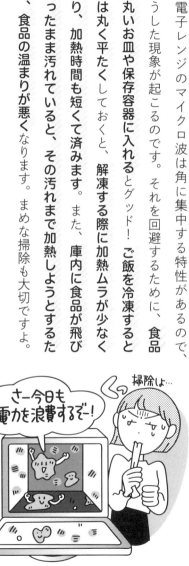

049

家計防衛術

最新キッチン家電もおすすめ サブスクでのお試しが便利

- 最新のキッチン家電＝電気代が高いわけではない
- 料理がラクになり自炊が増えれば食費節約にも！
- サブスクでお試しすれば失敗しない

ホットクックや電気圧力鍋といった、便利なキッチン家電がどんどん増えています。そこまで電気代が高いわけではないので、気になるものはぜひ取り入れてみてはいかがでしょうか。**キッチン家電を購入したことで、料理を作るのがラクになったり、自炊するようになったりすれば、家計のメリットも大**です！　ただ、ここでも気をつけたいのは、長時間保温する機能付きのもの。保温は電気代がかかってしまうので注意しましょう。

また、これはキッチン家電に限りませんが、家電製品などはそう簡単に購入できませんよね。**便利そうな機能でも、本当に自分の家に必要なのかは、実際に使ってみないとわかりません。そこで利用したいのが、家電のサブスク**です。実は、私も窓拭き用のお掃除ロボットをサブスクでお試ししてみたのです。でも、我が家では使い勝手が悪く、購入には至りませんでした（笑）。買っていたらムダな出費として後悔するところでした……。**気になる家電などは、まずはサブスクでお試ししてみるというのもおすすめ**ですよ。

050

家計防衛術

食洗機は手洗いよりも水道光熱費を抑えられる!

- 食洗機にすれば使う水やお湯が少なくて済む
- 年間6000円以上の節約につながる!
- 水道代・電気代だけでなく給湯のコストも削れる

050

ファミリーであれば、ぜひ食洗機（食器洗い乾燥機）を取り入れてみてはいかがでしょうか。食洗機は手洗いよりコストがかかりそうなイメージがありますが、実は**使用する水の量が非常に少なく、電気代はかかってもトータルの光熱費は安くなります。**手洗いの場合、流しっぱなしのお湯や水がどんどん排水に流れ、結果として大量の水を使うことにつながります。また、食器を手洗いする場合、基本的にお湯を使うことになりますよね。すでに給湯でもお話ししましたが、お湯は水の3倍の料金がかかるため、どうしても高コストになってしまいます。

資源エネルギー庁の試算では、**手洗いの場合はガス代と水道代で年間約2万5560円**かかりますが、**食洗機の場合は電気代と水道代で年間約1万9090円**と、年間で6000円以上（約6470円）もおトクという結果でした（省エネ性能カタログ・2015年夏版）。食洗機を使うと電気代はかかりますが、水道代とトータルで考えると、手洗いよりも年間の水道光熱費は断然おトク！**食洗機を使えば、給湯のコストもかなり節約できますよ。**

051

家計防衛術

掃除機をかける場所によって強弱を切り替えて

- ラグには吸引力の強いモードで
- 畳や床は強弱で差はないので弱モードでOK！
- 吸引力が下がないようにこまめに手入れする

051

みなさんご存じのように、掃除機は大きく分けて、**コード式タイプと充電式のコードレスタイプ**があります。**吸引力でいうと、コード式のほうがパワフル**でたくさんゴミを吸い取り、**充電式のコードレスタイプはパワーがやや劣ります。**

長時間連続で使い続けるものではないので、**掃除機の電気代についてはそれほど神経質にならなくてもいい**と思います。ただ、**掃除機をかける場所によって、強弱のモードを切り替えると節電効果が期待**できます。たとえば、ラグが敷いてあるフローリングの床では、**ラグは「強」モード**で吸わないと、なかなかゴミが取れないと思います。でも、**フローリングや畳は、基本的に強弱に関係なく、取れるゴミの量は変わりませんので、「弱」モード**でも大丈夫です。

掃除機の使用頻度が多いご家庭ほど、使い方次第で節約効果は大きく違ってきますので、**強弱のモード切り替えを意識**してみるといいかもしれませんね。

また、**掃除機内部にゴミが詰まると吸引力が落ちてしまいますので、掃除機をこまめに手入れすること**も電気代の節約につながりますよ。

052

家計防衛術

温水洗浄便座は、使わないときは「フタを閉める」が鉄則！

- 瞬間式の温水洗浄便座のほうが節約につながる
- 使用していないときの電力に注意！
- フタを閉める＆弱モード、節約モードの活用を

052

温水洗浄便座は、今やトイレを快適に使用するために欠かせない生活家電ですが、**「貯湯式」と「瞬間式」では温水の温め方が異なります。**

貯湯式の温水洗浄便座は、洗浄用の温水を付属のタンクに溜めているタイプで、**使用していない間もずっとタンクのなかの温水を保温しているため、それなりに電気代がかかります。**一方、瞬間式の温水洗浄便座は、使用時にスイッチを押した瞬間に水を加熱して温水にするタイプで、**使用していないときは電力を必要としません。**より省エネ性能にこだわる人向けには、**温水シャワーだけではなく、便座も瞬間に温まるという「W瞬間式」**なども登場しています。このタイプは、**使っていない間は便座も温水も温まっていないので消費電力はゼロ**です。

日常的に見直したいのが温水洗浄便座の温度設定です。「強・中・弱」や「節電」のモードを選択できるタイプでしたら、「弱」や「節電」モードにすると電気代の節約になります。また、**トイレを使用したあとはフタを閉めることを忘れずに。便座の温度が保たれ、ムダに便座を温め続けるのを防ぐことができますよ。**

053

家計防衛術

スマホ充電後の待機電力はほぼゼロ！ ただしバッテリーの劣化には注意

- バッテリーを劣化させないような充電方法を
- 完全に充電が切れないように注意
- 残量20%になったら、80～90%まで充電がベスト

053

スマホを充電し、バッテリーが満タンになったフル充電のままで充電を続けると、「待機電力がかかるのでは?」と気にする人も多いようです。でもご安心ください。**フル充電になったら電気は流れず、待機電力はほぼゼロ円**です。

ただ、常にスマホに充電器を挿したままでフル充電の状態にしておくと、スマホの**バッテリーが劣化しやすくなりますので要注意!** 充電器につなぎっぱなしで「100%のまま充電」の状態をずっと続けたり、充電しながらスマホを使う**「ながら充電」も、バッテリーが激しく劣化するのでNG**です。

それと充電が完全に切れた「0%」の状態もバッテリーの劣化につながりますので、**残量が「20%」になったら充電**をして、**「80〜90%程度」で充電を中止す**るといった使い方がおすすめ。これがバッテリーには一番いいといわれています。

バッテリーの交換となると、かなりの出費を覚悟しなくてはなりませんので、それは避けたいですよね。**ずっと充電器につなぎっぱなしにはしないなど、できるだけバッテリーの寿命を延ばす**使い方を心がけましょう。

要注意！節約のためのポイ活の極意

COLUMN 2

① 自然に貯まるような仕組みを作る

先にお話した4大経済圏のポイント以外でも、地元のスーパーやいろんなお店で独自のポイントカードを発行していると思いますが、行く先々でポイントカードを作っていてはキリがありません。でも、常に行くスーパーが決まっていて、そこが独自のポイントサービスを行っているのなら、迷わずポイントカードを作りましょう。常に行くお店なら、あえて貯めようとしなくても自然にポイントが貯まっていきます。

② ポイントは貯め込まないで使う

私は「ポイントを貯めておく」ということをあまりしていません。ポイント残高があったら、それを優先的にどんどん使っていきます。たとえば楽天カードの支払いが終わったら、その分ポイントが付くので、そのポイント残高を次の買い物で優先的に使っています。「貯まったらあれを買おう」という考えは持たないで、どんどん使っていく。そうすると、期間限定ポイントなどの使い忘れもなくなります。

③ ポイントは単なるオマケと心得る

ポイントは、買い物をしたら付いてきたオマケのようなもの。ですから大きなポイント数になるまで貯めようとは思わないで、日常的に消化していきましょう。貯めようと意識すると、「ポイント還元デー」などでムダ買いをすることにも。「ポイントを貯めるため」「ポイントの還元率を上げるため」に買い物をしたら本末転倒です。当然のことですが、それは節約には結びつきません。ポイントは単なるオマケと心得て、ポイント獲得に引きずられないようにしましょう。

第3章

家計防衛術

食費編

食費節約の鉄則は食品ロスをなくすこと かしこく買って、食材をうまく使い切りましょう

食費の節約の基本は、食材をしっかりと使い切りムダを出さないことと、上手に買い物をすること！とくに私が大事だと思っているのは、食品ロスを減らすことです。食材を使い切って食品ロスをなくすことが、食費の節約につながることは明らかです。食材を使い切れなかったり、食べ切れずに残してしまったり、結果的にゴミとして捨ててしまうのが一番のムダ。まずは、そこをなくしていくことから考えていきましょう。食品ロスのない食生活を続けていれば、自然と食費の節約になりますよ。

また、なんとなくスーパーに行き、なんとなく買い物をしているということはありませんか？特売日だからとか、野菜が安かったからという理由で、使い切

れないような量をまとめ買いすることはありませんか？　お心当たりがある人は、買い物方法を見直す必要があります。

この章では、食品ロスを意識的になくすためのコツを中心に、本当におトクな買い物術、1カ月間の食費管理の方法、ストック食材のかしこい買い方など、日々の食費を節約するためのヒントやコツを幅広くご紹介したいと思います。

「安く買う」よりも「余らせない」を意識すること！　食品ロスが発生してしまっては、いくら安く買えたとしても節約にはなりませんよね。食品ロスを減らすためにも、上手にかしこく買い物をすることはとても大事です。

また、お菓子やジュースなどのまとめ買い、外食やデリバリーサービスの利用が多いようだと、なかなか食費の節約はできませんよね。でも、ちょっと意識を変えれば、そうした問題もクリアできます。

食費の節約は、「ガマンしている」と考えるとストレスになり長続きしません。ムリせずに毎日コツコツ、できる範囲でいいので続けることが大切です。

054

家計防衛術

月々5000円節約も可能かも!? 買った食材を食べ切ることを徹底！

- 平均的な4人家族の食品ロスは年間6万円
- 食材をムダなく使い切ることがもっとも重要
- 安く買うことよりも使い切ることに意識を！

054

日本の平均的な4人家族から1年間に出る食品ロスは、金額に換算するとなんと年間6万円に相当するそうです！　これは日本の政令指定都市のなかでもっとも家庭ゴミの量が少ない京都市のデータ（2019年）ですから、ほかの地域にお住まいの方なら、年間の食品ロスの金額はもっと大きくなりそうです。

つまり、**食品ロスがある家庭では、5000円以上もの食品が毎月ムダに**なってしまっているというわけです。月々5000円分の食費を削るとなると難しそうですが、**食べ残しや食材をムダにすることがなくなれば、自然と5000円分の節約に**つながります。これなら、すぐにでも実行できると思いませんか？

なので、**特売品や安いものを買うことよりも、買った食材をムダなく全部使い切ることに意識を向ける**ことが大切です。食品ロスを減らし、同時に食費を削れるのですから、これぞ一石二鳥ではないでしょうか。

055

家計防衛術

とにかく安い食材を買うのは卒業！ まとめ売り、特売品はなるべく避ける

- まとめ売りや特売品は、買う前に一歩立ち止まる
- 使い切りをイメージできる量を買うようにする
- 慣れない食材や調味料の特売には要注意！

055

食品ロスを減らすことにも直結することですが、**日常の買い物で注意したいのは、「まとめ売り」や「特売品」**です。野菜などのまとめ売りはたしかにおトクですが、その差は数円ほどということも多いですよね。とくに普段から使い慣れている食材のまとめ売りは魅力的ですが、実はつい買いすぎているかも？　これに思い当たる方は、**一度まとめ買いは自制して、すぐに消費し切れない量は買わないという判断も必要**です。そうとわかっていても、つい手が伸びてしまうこともあるかと思いますが、**食材を使い切れなかったときの損を考えて、ちゃんと消費できる適切な量を買う**ようにしましょう。

また、普段は使わない食材や調味料でも、特売をしていると安さに釣られてつい買ってみたくなりますよね。でも安いからと買っても、余って使い切れなければ、それはムダなだけです。ここは冷静になって、**本当に使い切れるかどうか考えて、目先の安さに惑わされない**ようにしてください。

056

家計防衛術

まとめ買いするときは想像して…「3日以内に消費できるか?」

- まとめ買いは「3日以内に使い切れるか」を基準に
- うっかり食品ロスがあるならまとめ買いはしない
- 3日以上もつ食材でもできるだけ早めに消費

056

まとめ買いをするのであれば、**基本は「3日以内に使い切れるか」をイメージ**し、3日間で消費できなさそうなものは買わないことです。この「3日以内」をひとつの目安として、ルール化してみてください。ムダ買いのストッパーになりますし、このルールを意識して継続できれば、徐々に節約体質にもなれますよ。

じゃがいもや玉ねぎなどの**日持ちする野菜**、肉などの**冷凍可能な食品**、**乾物系の長期保存できるもの**などは、この**「3日以内」ルールにあてはめる必要はありません。**

ただ、うっかり冷蔵庫にあるのを忘れて消費期限をオーバーし、ムダにしてしまったなど、**食品ロスになるようなことは避けたいところ。**心当たりがある人は、**なるべくまとめ買いはしない**ことをおすすめします。

また、**買ってから早いうちに下処理**をして冷凍保存をした食材や、賞味期限の長い食材であっても、**短期間でムダなく使い切る**のがベストです。まとめ買いのときは、基本的に「3日以内」ルールをお忘れなく！

057

家計防衛術

ムダ買い防止に役立つスキル〝逆引きレシピ〟を強化する！

- 冷蔵庫に今ある食材でレシピを考える
- 「逆引きレシピ」は食費節約の肝
- 残っている食材を使い切るための買い出しを！

057

「逆引きレシピ」とは、まず作りたい料理があって、その料理を作るための食材を用意するのではなく、**冷蔵庫にある残った食材などを使った料理を作ろうという考え方。**料理をする人にとって、「逆引きレシピ」はごく当たり前の考え方ですが、これが**ムダ買いや食品ロスの防止にとても重要**なのです。

言うまでもないことですが、**冷蔵庫に残っている食材をなるべく消費してから次の買い出しに行くのが理想**です。本当は全部使い切るのが一番なのですが、それはなかなか難しいですよね。ですから、**残っている食材を使い切ることを最優先に考えて、買い出しに行く**ようにしましょう。これを常に意識していれば、食材をムダにすることもないですし、当然ながら食費節約の肝にもなります。

たとえば普段の食事であれば、忠実にレシピ通りに作らなくても、今ある食材や調味料を使ってアレンジしたりしますよね。とにかく**大事なのは食品ロスを減らすこと。**そのためにも、**「逆引きレシピ」をより強化し、食材を使い切る**ことを目指しましょう。

058

家計防衛術

実はムダ買いを招きやすい献立ありきの買い物はNG！

- 事前に献立を考えること＝節約になるとは限らない
- 限られた食材で臨機応変にメニューを考える
- 家にある食材×スーパーの安い食材で一品

058

「今日はこれを作ろう」と献立を考え、いざ買い物に行くと、欲しい食材が高かったり、普段あまり使わない食材を使った料理にトライしたものの、その食材が余ってしまい結局は全部を消費できなかった…なんて経験はありませんか？

事前に献立を考えて計画的に買い物をしたつもりが、節約からはほど遠い結果に……。これはよくあることかもしれませんね。

食費のやりくりで大事なことは、魅力的な献立を考えられることや、料理のスキルではありません。計画的に買い物をすることはもちろん大切ですが、**限られた食材で臨機応変にメニューを考えられるかどうか、**これこそが食費節約のポイントです！冷蔵庫に残った食材と、その日のおトクな食材を組み合わせ、すぐに一品のレシピを思いつくようでしたら食費の節約も必ずうまくいきます。「逆引きレシピ」に慣れてくれれば、そう難しいことではありません。**家にある食材や食品をチェックし、スーパーの安い食材との組み合わせで献立を考える。**これができれば、立派なやりくり上手！もうムダ買いすることもありませんよ。

059

家計防衛術

スーパーでは、入口付近の野菜より
メインの肉や魚を先にチェック

- 食品ロスに多い野菜の買いすぎに要注意
- コストの高いメインの食材を先にチェック
- メイン料理を決めてから、野菜売り場へ農林水産省の調査によると、**家庭から出る食品ロスの約5割は野菜類！**

ですから、まずは**野菜の食品ロスを減らすことを優先**して考えましょう。野菜は単価が安いものも多いので、まとめ買いや安さに釣られてついつい多く買ってしまうこともありますよね。また、常備している野菜を必要以上にストックして食べ切れずに傷ませてしまった…など、経験があるのではないでしょうか。

食費を抑えるのはもちろん、野菜の食品ロスを防ぐ意味でも、スーパーに買い物に行ったら、**まずはコストの高い肉や魚など、おかずのメインとなる食材のなかで、何がおトクかを先にチェック。入口付近の野菜売り場は後回し**にするとよいでしょう。**メインの料理を決めてから副菜を考える**ようにすると、「この野菜が安い」という理由だけで使い切れない量の野菜を買うことも防げます。**「今日の副菜にはあの野菜」と決め、そこで初めて野菜売り場へ**と向かう。これがおすすめの順番です。ここで、**その日に安く手に入る野菜との組み合わせで「逆引きレシピ」も考えられれば、さらなる食費削減も可能**になりますよ。

060

家計防衛術

献立を考えるのが面倒なら曜日ごとにメニューを決めて節約

●木曜日は生姜焼き、金曜日はカレーと曜日で決めてみる

●1週間のローテーションと、食材の使い切りを意識

●食材を余すところなく使える献立力が最終目標!

060

食費の節約でもっとも効果的なのは、〝献立力〟を身につけることです。

家にある食材とその日にスーパーで安く手に入る食材を組み合わせ、臨機応変にすぐにメニューを思いつくようなら、冷蔵庫の在庫にも悩みません。とはいうものの、誰もが献立を考えることが得意なわけではないですよね。

もし献立を考えるのが苦手だったり面倒であれば、**曜日ごとにメニューを決めてみて。毎週木曜は生姜焼き、金曜はカレーといった感じで、副菜も同じ食材を使い回して使い切る。**仮にまったく一緒だとしても、それが毎日でなければ家族にも怒られないはず（笑）。むしろ曜日の定番メニューになればこっちのものです。

献立力に自信がなくても、**まずは1週間のローテーションを組んで、きちんと1週間分を使い切れるようなサイクルを意識**してみましょう。そうしていくうちに、まとめ買いしてもロスを出さない献立力が身につくと思います。

061

家計防衛術

食費の予算管理には「3：1の法則」がおすすめ！

- 日々出ていく食費は管理が難しい
- 予算は、「日々の食材3：ストック食品1」で分ける
- ストック食品の予算を別立てにすると管理しやすい

061

予算を立てて、その枠を超えないように管理する。とてもシンプルな鉄則ですが、それがなかなかうまくいかないものです。とくに**食費に関しては日々出ていくお金なので、管理が難しい**と感じる方も多いと思います。

仮に1日や1週間分の予算を決めたとしても、お米がなくなったからといってお米を買うだけで予算がオーバーするようなら、予算管理としては失敗です。この場合、翌日分や翌週分の予算から前借りするようなかたちになってしまいますよね。それで気がついたら月末に「あれ、足りない？」となり、缶詰やパスタなどのストックで月末をなんとかしのいだ、なんてことにも……。

そこでぜひ**実践してみてほしいのが、「3：1の法則」**。

1カ月の予算を組む際に全体を3対1に分け、「3」＝「生鮮食品など日々の食材に使う食費」、「1」＝「米や調味料などのストック食品に使う食費」とする予算の管理法です。**あらかじめ、米や乾麺、調味料、粉物、乾物、缶詰などの予算を別に**立てておけば、毎月の食費を管理しやすくなりますよ。

062

家計防衛術

日々の食材の買い物は1日分の予算を立てて厳守する！

- 1日の食費の予算をオーバーしないように買い物する
- まとめ買いする際は何日分かを決めてから予算立て
- まとめ買いをしたらその日数は買い足ししない！

062

1カ月の食費を「3：1」に分けたら、同時に**1日あたりの予算を決めておくことも大事**です。食費の予算が「月4万円」の場合を例にすると、「3万円」が日々の食材に使う食費、残りの「1万円」がストック食品に使う食費となります。そこからさらに、日々の食費「3万円」を1カ月の日数（30日）で分けると、1日あたり「1000円」という予算になるので、シンプルに1日あたり1000円以内で買い物をすることができればOKです。

まとめ買いをする際には、何日分をまとめて買うのかを決め、1日あたりの予算をベースに使える金額を計算しましょう。ここで重要なのは3日分3000円の食材を買ったなら、その3日間は**基本的に買い足しをしない**ということです。**買い足しは、先の予算を前借りすることと同じ！　そうなると1日分の予算を立てている意味がなくなってしまいます。**

また、**まとめ買いをするときには、買い忘れがないように事前に家の在庫をチェック**しましょう。もちろん買いすぎにも気をつけなくてはいけません。

063

家計防衛術

ストック食品を上手に管理 保管は1個まで、購入は月1回

- リスト管理できれば、買い忘れや買いすぎの防止に
- 保管1個・購入1回ができれば、リストがなくてもOK
- ストック食品の保管は、整理して目につきやすい場所に

063

「3：1」で食費の予算を管理する際、「1」の**ストック食品については、月に1回まとめて購入するのがおすすめ**です。我が家では、**常に調味料はひとつだけストックし、リストで管理**しています。そして**ストック分を開封した時点で、買い忘れがないようにリストにメモ**をしておきます。**リスト化しておくと簡単に在庫がチェックできる**ので、ストックがあるのにもかかわらず、安くなっていたから調味料などをつい買ってしまうといった**買いすぎの防止にも**なりますよ。

ここでポイントなのは、**「ひとつだけストック」すること**。そして、**購入は「月1回」と決めておくこと**です。リスト管理までは難しいという方でも、このルールが徹底できれば、月1回の購入時に必要なものをチェックすることになりますし、**ストックの増えすぎや買い忘れの防止にも**なりますので、ぜひ実践してみてください。そしてもうひとつ。調味料だけでなく、**缶詰などのストック食品は日頃から置き場所を決めておき、目につきやすい場所に整理しておく**ことも大事！整理されていないと、どうしても管理も雑になりがちなので要注意です。

064

家計防衛術

ストックできる食品は便利なネットスーパーで管理！

- ネットスーパーなら納品書を在庫リストに活用できる
- 予算の管理だけでなく購入履歴で商品が探しやすい
- 重い米や調味料をまとめて買えるだけでも利用価値大

064

ストックできる食品は月1回のまとめ買いをおすすめしていますが、さらに管理をしやすくしてくれるのがネットスーパーなんです！

ネットスーパーで購入すると、**食材と一緒に商品名が記入された納品書も届きますので、これを「在庫チェックリスト」にして冷蔵庫の扉などに貼っておくと便利**です。マーカーなどで**使った商品名をチェックしておけば買い忘れの防止に**もなりますよ。とくに**調味料などは、「ひとつだけストック」があれば、開封した時点で慌てて買う必要はないので、月1回のまとめ買いで購入**すればOKです。

ネットスーパーでの購入は、予算の管理はもちろん、**購入履歴から必要な商品をピンポイントで見つけることができる**のでとても便利です。商品の値段も実店舗とさほど変わりませんし、お店で買うと持ち帰るのが重くて大変な米や小麦粉、しょうゆやみそといった調味料類をまとめ買いでき、家まで届けてくれるのですから、その点でも利用価値は大！　多くのネットスーパーはまとめて買うと送料が無料になるので、普段は車やバスで買い物に行く人なら交通費も浮きますよ。

065

家計防衛術

「買いだめをしない」は節約の鉄則! 余計な消費を増やさない

● 多くストックがあると雑に消費してしまう

● 「安いうちに買おう…」と、特売品の誘惑に負けない

● 必要最小限のストックで余計な消費を抑える

065

調味料については、常に「ひとつだけストック」、なくなったら「月に1回購入」という習慣が身につけば、ムダ買いはなくなります。

ではなぜ、**そもそも買ったらすぐになくなるようなものではないのに、余計に買ってしまう**のでしょうか。しっかりとリスト管理ができるタイプの人は大丈夫かもしれませんが、普段の買い物でなんとなくおちいってしまうのが、やはり特売品の誘惑です。**安く売られていると、「今のうちに買っておいたほうがおトクかも！」と、つい買いだめしたくなりますよね。**ですが、そこはグッとこらえて。

調味料だけではなく日用品も同様ですが、**買いだめをしてストックが豊富にあるという状況によって、余計に消費を増やしてしまっている**ことも！　災害時などでトイレットペーパーが品薄のときには大事に大事に使っていたのに、たくさんあると思うと気にせずどんどん使ってしまいますよね。これこそが買いだめの盲点なのです。気づいていましたか？　**余計な消費を抑えるためには、一にも二にも「買いだめをしない」が鉄則**です。

066
家計防衛術

お菓子、ジュース、カップ麺、お酒…嗜好品のまとめ買いは絶対NG

● 生活に必須ではない嗜好品はオプションとして楽しむ

● ストックしないで食べたい・飲みたいときにだけ買う

● 消費量を減らせば、まとめ買いよりも結果おトクに

066

お菓子やジュースにカップ麺、そして酒類などのいわゆる嗜好品。これらはある程度は日持ちもするので、ディスカウントショップで安く売られているときにまとめ買いをし、ストックしているというご家庭も多いのではないでしょうか。

嗜好品の場合、まとめ買いをしても余るという心配はないでしょう。その意味ではおトクな値段で食品ロスもないので、まとめ買いでもいいように思えます。

ですが、よく考えてみてください。**そこにあるから食べてしまうお菓子やカップ麺、ストックがあるからもう一杯と手が伸びてしまうお酒類……。嗜好品こそがまさに買いだめすることで、余計に消費を増やしてしまう代表格**と言っても過言ではありません。

食べたいときや飲みたいとき、そのときに消費できる分だけ買うようにしてみると、自然に消費量も減るはず。さらに**嗜好品に関しては、食費とは別に、「嗜好品費」などとして予算を決めてみるのも効果的**です。**安くまとめ買いをしていたときよりも、トータルの出費が少なくなる**と思いますよ。

067

家計防衛術

お惣菜や便利な調味料を買うのは時間を買っているのと同じ！

- できあいのものは時間を買っているようなもの
- なるべく手作りしたほうが安く済む！
- 調味料は自分で簡単に作れるものが多い

067

買ってすぐに食べられるお惣菜やレトルト・冷凍食品、材料と炒めるだけの便利なタレなどは、**調理をする時間や手間に対価を払っている**と意識してみてください。**自分で作ると時間や手間はかかるけれどそこはタダ、材料費のみなので断然安い**ですよね。当然のことのようですが、その時間や手間をかけたくないから、少々コストがかかっても便利なものに頼ってしまいます。

仕事柄、いろいろなご家庭の冷蔵庫を拝見することがありますが、**レトルト食品や冷凍食品、ドレッシングなどを日常的に買っているご家庭は、食費が高い傾向にある**ようです。

忙しい方にとっては便利なものですので、もちろん買ってはいけないというわけではありません。

ですが、よく買うドレッシングやめんつゆなどの調味料でも、とても簡単に作れるものが多いので、ぜひ手作りを取り入れてみることをおすすめします。

けっこうカンタンでおいしい！そしてオトク♥
クルクル

簡単！便利！調味料レシピ

「めんつゆ」や「〇〇のタレ」といった調味料も、自宅に常備している調味料で作れます！基本は「混ぜるだけ」の簡単＆時間もかからないレシピが多く、いろいろな料理にアレンジも効くのでおすすめです。必要なときに必要な分量だけ作れるのもポイント。なによりスーパーで買うよりも断然安いので、ぜひお試しあれ！

マヨネーズ

作る時間 10min

【材料】

卵黄…………1個分
砂糖…………小さじ1／2
塩、こしょう…少々
酢……………大さじ1
サラダ油……180ml

【作り方】

❶ 卵は常温に戻しておきます。
❷ サラダ油以外の材料をすべてボウルに入れて混ぜ合わせます。
❸ 2に少しずつサラダ油を加えていき、混ぜれば完成。

Point 材料を混ぜ合わせる際は、金属製のボウルは避けましょう。コールスローやポテトサラダなど、野菜に合わせて召し上がれ！

和風ドレッシング

作る時間 5min

【材料】

サラダ油……大さじ3
酢……………大さじ2
みりん………小さじ1
しょうゆ……大さじ1
ごま油………大さじ1

【作り方】

材料をすべてボウルに入れて混ぜ合わせます。

Point 好みで、しょうが汁、梅肉、大根おろし、青じそなどを加えると手軽に「味変」できるのでおすすめ！

焼き鳥のタレ

作る時間 6min

【材料】
しょうゆ……300ml
みりん………300ml
砂糖…………80g（お好みで）

【作り方】
❶ 鍋にすべての材料を入れて、混ぜ合わせます。
❷ 鍋に火をかけて煮立たせれば完成。

Point だし汁で薄めれば、カツ丼や親子丼のタレに。鶏そぼろやおつまみチキンの味つけにもぴったりです。

焼肉のタレ

作る時間 5min

【材料】
赤みそ.........大さじ1／2
砂糖............大さじ3
しょうゆ........大さじ5
みりん..........大さじ1.5
ごま油..........小さじ1
すりごま.......大さじ1
万能ねぎのみじん切り..大さじ2
にんにくすりおろし.......お好みで

【作り方】
材料をすべて合わせて、よく混ぜれば完成。

Point 保存料などを使っていないので、余ったら冷蔵庫で保存し、なるべく早く消費を。肉料理以外にも、パスタソースやサラダに使っても!

めんつゆ

作る時間 6min

【材料】
だし汁………200ml
しょうゆ……100ml
みりん………100ml

【作り方】
❶ 鍋にすべての材料を入れて、混ぜ合わせます。
❷ 鍋に火をかけて煮立たせれば完成。

Point だし汁を少し濃いめにするのがポイント。そばやうどんのつゆ以外に、煮物なら、下処理した野菜をこれで煮ればOK。幅広く使えます!

068

家計防衛術

見切り品なら、開店直後の野菜やパン閉店間際は惣菜類と生鮮品

- 値下げのタイミングは「賞味／消費期限」で違う
- 見切り品でも日々の食費としては割高になることに注意
- ライフスタイルに合わせてチョイス

スーパーの見切り品は、閉店間際が狙い目というイメージがありますよね。いわゆる「消費期限」が当日となっている食品は、その日に売り切るために値下げされます。**惣菜や弁当のほか、刺身など劣化の早い生鮮品も対象になる**のが普通です。**閉店間際の見切り品は消費期限が当日のものが基本**なので、その日のうちに食べられるものを買うことになります。そのため、**日々の食費の一部と考えると値下げされていても割高**になるので要注意！　どうしても時間がないときなどの選択肢にできるといいですね。

一方、毎日店舗に配達される**牛乳、乳製品、パン、野菜、豆腐などの日配品は、「賞味期限」が近いものが値下げ**されます。そのタイミングは、**消費期限が近いものとは逆に開店直後。**日配品が当日の朝届くのに合わせて見切り品とされていきますので、早い時間の買い物であれば狙い目です。ただし、おいしくいただくには日にちが短いので、こちらもその日のうちか、短い期間で食べ切れる量を買うようにしましょう。

069

家計防衛術

行きつけのスーパーがあるなら おトクに買える情報を徹底リサーチ

- よく行くスーパーのチラシやアプリをチェック
- 安売りのサイクルや店の傾向を研究する
- ポイントデーや「○○円均一」には要注意

一般的なスーパーでは、曜日ごとや「毎月●日」などと日付によって定番の割引商品があったりと、お買い得品のサイクルはほぼ決まっていますよね。よく行くお店があれば、**アプリやチラシをチェックし、お店の傾向を研究**してみましょう。また、**お店のアプリに登録し、クーポンや最新情報のお知らせなどをうまく活用することで、今よりもおトクに買い物ができるかも**しれません。

もちろん、チラシの情報も重要です。**週前半のチラシでは、平日に日替わりで値下げされる商品、週後半は週末のちょっとぜいたくな食材などがお買い得品と**して掲載されることが多いです。**いつ何が安くなるかを事前に把握していれば、計画的な節約に**つながっていきますよ。お店のポイント還元率が上がる「ポイントデー」などもありますが、価格が変動する生鮮食品などは通常価格だったりします。その場合、ポイントデーよりも、値下げのタイミングで買ったほうがおトクかも。さらに、よくある「○○円均一」。おトクな商品とそうでないもの（通常価格と変わらないもの）も含まれることがあるので、こちらも要注意！

070

家計防衛術

PB商品や底値アプリの活用でもっとおトクな買い物を

- プライベートブランドの価格がひとつの指標に
- 底値アプリで近所の最安値をチェックしてみる
- ディスカウントスーパーなどの価格も参考に

070

同じ商品なら、より安く買いたいと思うのは当たり前。でも、調べるのがおっくうだったり、逆に調べすぎていつまでも買い物できずに終わるなんてこと、一度は経験ありますよね。底値にこだわりすぎる必要はないと思いますが、**最近では特定のエリア内のお店で売られる商品の底値が調べられるアプリ**もあります。

「底値帳」をきちんとつけるのは面倒ですが、現在いろいろとリリースされている「底値アプリ」では、**自分の記録だけでなくユーザー同士の情報が共有されたり、バーコードを読み取るだけで最安値を教えてくれる**など、とても便利！

実はいつも行かないお店のほうが安かったという発見が、もしかしたらあるかもしれません。また、**身近なところで底値の目安になるのが、ＰＢ（プライベートブランド）商品**です。ＰＢ商品はスーパーやドラッグストアでも増えてきましたが、基本はメーカー商品より安く、常に同じ値段で売られています。また、**ディスカウントスーパーや業務用のスーパーも常に安い商品が豊富なので、ＰＢ商品やこれらの価格と比べてみて、安ければ底値に近い**と考えていいでしょう。

071

家計防衛術

食材の「ちょこっと残し」でコストをかけずに献立が豊かに

- あえて少しだけ食材を残して別の料理に活用
- 日々のメニューに材料ちょい足しができる
- 目につきやすい場所に専用容器で保管する

我が家の冷蔵庫の扉を開けると、**野菜室と冷凍室の目につきやすい場所に小さい容器が置いてあります。**この専用容器には、**少しだけ残した調理前のにんじんや玉ねぎなどの野菜、少量の肉類など**が入っています。これらはたまたま余った食材というわけではなく、あえて使わずにとっておいたもの。

たとえば、鶏肉メインの料理を作るとき、あえて少量を切り分けて残しておき、別の日の炊き込みご飯や茶碗蒸しの具に使います。少量しか使わない食材をその都度買うと割高になってしまいますので、ここで「ちょこっと残し」が活躍するというわけです。野菜などはメイン料理の付け合わせにしてもいいですし、寄せ集めてあんかけの具などにして、唐揚げなどにかけるというのもおすすめ。メインのお肉がさほど多くなくても、ボリューミーで満足感ある一品になりますよ。

ただし、この**「ちょこっと残し」が、結果的に食品ロスにならないように！**そのためにも、**冷蔵庫の扉を開けるとすぐに目につきやすく、ほかの食材と分けて保管できる場所を必ず確保**しておきましょう。

072

家計防衛術

毎日の弁当のおかずは自家製冷凍食品でラクに！

- 夕飯のおかずを少量ずつ冷凍保存するだけ！
- レンジでチンして弁当箱に詰めるだけで簡単
- 自家製冷凍食品のストックを揃えておく

072

お子さんのいるご家庭、共働きや外で仕事をしている家族がいるご家庭であれば、日々のお弁当にかかる食費も考えたいところ。私も子どもが中学生だった頃には毎日お弁当を作っていました。その時期にコストを抑えて時短もできる方法として実践していたのが、**夕飯などで作ったおかずを小分けにして冷凍保存し、それをレンジでチンしてお弁当箱に詰める**こと。

もちろん、常備菜を作るのもいいのですが、わざわざ作るのは面倒ですし、続けるのはなかなか難しいかもしれません。その点、**夕飯のおかずの取り分けであれば、通常より多めに作ればいいだけ**です。あとは100円均一ショップなどで買えるシリコンカップに詰めて冷凍するだけ。必要なおかずを電子レンジでチンして**お弁当箱にカップごと詰めれば、それでお弁当の用意はOK**です。

こうして日々ちょっとずつ自家製の冷凍食品をストックしておきましょう。お弁当に入れるのは数日前に冷凍した一品をチョイス（前の日の残り物感が出ないように…笑）するなど、選べるラインナップが揃うと理想的ですね。

073

家計防衛術

つい外食してしまう人はとりあえずご飯を炊きましょう

- つい外食してしまう人は、ご飯を炊いておく
- ご飯が炊けていれば、自宅で食べる習慣がつく!
- お弁当がムリなら、とりあえず白ご飯だけ持っていく

073

外食はできるだけ減らしたいけどなかなか減らせないという人には、コレ。**「とりあえずご飯を炊いてみよう！」**家に炊けたご飯があれば残すわけにはいかないので、外食せずに帰って食べようと思いますよね。つい面倒になって外食しがちな人でも、かなりのストッパーになると思います。

おかずとして**お惣菜を買ったとしても、外食よりはるかに安いはず**です。同じように、ランチ代節約のために**お弁当を作ろうとしても、結局3日坊主になるような人も、とりあえず白ご飯だけ持参**してみて。

そうすると外でランチをするのではなく、おかずや汁物を買うという方法で済ませられるので、ランチ代のコストが抑えられます。

どうしても外食グセが抜けない人は、まずはご飯を炊く！　たったこれだけのことで**自宅で食べる習慣にもつながり、食費の節約にも効果大**です。

お弁当にも!!
とりあえず
お米があれば
なんとかなる!!

074
家計防衛術

「めんどくさいから外食」はやめて、やりくりをがんばったお楽しみにしよう

- 作るのが面倒だから外食を選ぶのはダメ！
- 前向きな外食になるように日々のやりくりをきちんと
- ファミリーなら、特別なイベントとして考える

ご家庭によって外食の頻度はさまざまだと思います。ただ、ファミリーの場合は、**外食したときの食費って、かなりコストがかかる**ものですよね。外食が多くなりがちなご家庭であれば、**1回ごとの外食をひとつのレジャーのように、特別なイベントだと考えるようにして、頻度を減らすよう意識**してみてください。**食費とは別に「外食費」などとして予算を立て、月にいくらまで、何回までと決める**のもいいかもしれません。

外食する理由を考えてみましょう。**「今日は作るのが面倒だから」というパターンは一番避けたい**ところ。作る時間があるのならなおさら、後ろ向きな理由からの外食になってしまいます。同じ外食であっても、月に1回、お寿司を食べに行く、家族旅行でいつもよりぜいたくな食事にするなど、**家族が一緒に楽しむためのイベントになればベスト**だと思います。

そのためにも、絞るところは絞って、**1カ月のやりくりをがんばりながら、ストレスをためないかたちで継続**していくことを目標にしましょう。

075

家計防衛術

デリバリーは食費とは別予算で特別なイベントとして利用する

- デリバリー利用が多い人は、別枠で予算を作る
- デリバリー代を見える化すれば、節約意識が高まる！
- 割高なサービスなので特別なときに限定する

075

デリバリーサービスをよく利用する方は、これをそのまま食費として分類してしまうと、簡単に1カ月の予算をオーバーしてしまうと思います。そこで**外食と同様、別の予算として立て、いくらまでならデリバリーを利用していいか、あらかじめはっきりとさせておく**のがおすすめです。

言うまでもなく、配送料がかかるデリバリーは、外食するのと変わらないくらいのお金がかかりますよね。予算を立てる段階では、これまでどのくらい使っていたのかも「見える化」で判明します。**頻繁にデリバリーを利用している方であれば、思った以上にお金がかかっていることに気づく**と思います。

高コストであることが実感できれば、節約への意識も芽生え、利用する回数を少しずつでも減らしていけるのではないでしょうか。

また、デリバリーする料理は、家庭では簡単に作れないものも多いので、**お家で開くパーティなど、特別なときに限定するのもアリ**。日々の食事としてはできるだけ控え、特別なイベントとして楽しめるようにしていけるといいですね。

COLUMN 3

実は利用者約1割の『ふるさと納税』

『ふるさと納税』を知っている人は 8 割を超えていますが、実は**利用している人は 1 割ほど**なんです。なぜ利用していないかというと、「手続きがめんどくさそう」「メリットがよくわからない」「利用方法がわからない」などなど……。繰り返しになりますが、節約において「わからない」「めんどくさい」というのは NG です。ふるさと納税は、仕組みがシンプルでとっても簡単だと思います。利用していなかった人は、「よくわからない」を理由にせずに、これを機にぜひチャレンジしてみてもらいたいものです。

ふるさと納税の仕組みを簡単に説明すると、**自分の住んでいる自治体に納税する税金を、別の自治体（自分の故郷や応援したい自治体など）に寄付することで、税金の控除や還付が受けられる**というもの。年収や家族構成により控除上限金額が異なり、寄付できる金額も変わります。一定の上限額までの寄付なら、実質 2000 円の自己負担で地域の特産物などの返礼品を受け取ることができますし、税控除が受けられます。

ふるさと納税は高収入の人が利用するものと勘違いしている人も多いようですが、そんなことはありません。所得税や住民税を納めている人であれば、誰でも利用可能です。ふるさと納税のポータルサイトにアクセスすると、自分がどれだけ寄付できるのか、寄付の上限額をシミュレーションできます。サイトによって扱っている返礼品の品目数やラインナップも違いますので、どのサイトがいいかは見比べてみて、お好みで選ぶといいでしょう。返礼品は地域の特産物や高級食材なども魅力的ですが、米や野菜、日用品といった日常使いのものもあります。普通に購入するよりもおトクになるものを選べば、節約にもなりますよ。

第4章

家計防衛術

固定費編

一度の見直しで効果が長く続く決まった支払いと考えずに、真っ先に検討を！

スマホやインターネットの通信費、家賃などの住居費、車の維持費など……。

こうした固定費は、「毎月支払う額が決まっている費用だから…」と節約するのは難しいと思っていませんか？　でも、固定費の場合も、実はちょっとした見直しで節約が可能だったりもします。

そして、ここが重要なポイントなのですが、固定費の場合、1回の見直しでその節約効果が長く続きます！　なおかつ、固定費は節約できる金額が大きいというのも特徴ですので、家計全体の節約を考えるのなら、真っ先に固定費の見直しを検討するといいでしょう。

まずは、通信費のメインである「スマホ代」。光熱費もそうですが、通信費も料金で質が大きく変わるものではありません。それなら、なるべく安く抑えたいと思うのは当然です。

スマホの料金は以前に比べると劇的に安くなってきていますので、契約プランや通信会社の見直しで、毎月のスマホ代が大幅に下がる可能性大です！　さらに、入りっぱなしのサブスクなどがないかも再点検してみるとよいでしょう。とくにファミリーの場合は、ご家族全員のスマホ代を見直せばより節約効果も高く、それだけで家計も大助かりだと思いますよ。

この章では、身近な固定費「スマホ代」をはじめ、家賃や住宅ローンなどの住居費、車の維持費など、家計に占める割合が大きい代表的な固定費について、具体的な節約方法のほか、見直しのコツなどもご紹介したいと思います。

毎月の固定費は、当たり前に支払っているとマヒしがちですが、意外にムダが潜んでいることが多いもの。また、見直しをしても生活スタイルがガラッと変わるような変化が少ないので、大きな苦労なしで効果の高い見直しといえます。

076

家計防衛術

月の支払い大幅カットの可能性大！通信費のなかでもスマホ代は要チェック

●通信費のなかでもスマホ代は1番の削りどころ

●過去に契約したプランが今もおトクとは限らない

●通信量と契約内容、オプションやサブスクをチェック

076

通信費のなかでも、もっとも大きく節約できるのがスマホ代です。とくにａｕ、ＮＴＴドコモ、ソフトバンクの3社、いわゆる「大手キャリア」と何年も契約している人の場合は、**毎月のスマホ代が大幅に下がる可能性大**です！

「家族割」をはじめ、契約時におトクなプランに加入したはずだから、もう安くならないと考える人もいますが、そうした思い込みは危険です。**毎月の利用明細をチェックしていますか？** 自動引き落としの「固定費」だからと諦めモードにならないで！ まずは毎月の**通信量と契約内容を確認**してみましょう。**使っていないオプションやサブスクなどがあるかも**しれませんよ。それらを解約するだけでも毎月の負担が軽減しますし、**加入後に登場したおトクなプランなどに変更**することができれば、年間のスマホ代がかなり節約できるはず。

また以前のように、2年間の契約継続を条件に月々の基本料金を割り引くという「2年縛り」もありませんので、**大手キャリア間の乗り換えや、より格安な料金設定の通信会社「ＭＶＮＯ」などへの乗り換えを検討**してもよいでしょう。

077

家計防衛術

スマホの通信会社はいろいろそれぞれの特徴をまずは知ろう

- 大手キャリアはサービス&サポートは充実だけど割高
- 大手キャリアには低価格・格安のサブブランドがある
- 「格安スマホ」「格安SIM」も要チェック

スマホ代の見直しに欠かせない通信会社について、ここでちょっとおさらいしてみたいと思います。**大手キャリア3社は「MNO」とも呼ばれ、**自社の設備やネットワークによってユーザーに直接通信サービスを提供しています。そのため**通信速度も速く、実店舗でのサポートもしっかりしていますが、料金プランは割高。**それとは別に大手キャリアには、**キャリア内での乗り換えならけっこう簡単にできるオンライン専用の格安プランや、低価格帯のサブブランド**もあります。

また、「MVNO」と呼ばれる通信会社は、大手キャリアの回線を借りて通信サービスを提供しています。**実店舗がない場合がほとんどですが、その分のコストをカットした格安な料金設定が大きな魅力**です。**一般的に「格安スマホ」「格安SIM」といえば、この「MVNO」のこと**です。

続いて各通信会社の特徴などについて紹介しますので、**自分に合った「格安プラン」への乗り換え**をぜひ検討してみてください。**一度の見直しで固定費を大幅に節約できる**のですから、多少面倒でもトライしてみましょう！

078

家計防衛術

通信の質を重視するなら オンライン専用プランかサブブランド

- 大手キャリアの最大メリットは通信の質
- オンライン専用プランは申し込みもオンライン限定
- 大手のサブブランドであればサポート体制も万全

大手キャリアは、通信速度が速くて安定している点が大きなメリットです。大手キャリアと契約していて、**「通信の質は下げたくないけど、スマホ代は安くしたい」**と考えるなら、**大手キャリアのオンライン専用プランやサブブランドへの乗り換えがおすすめ**です。料金プランは変わっても、大手キャリアの回線を使用していますので、通信の質もこれまで通りで安心です。

大手キャリアの**オンライン専用プラン**には、NTTドコモの**「ahamo」**、auの**「povo」**、ソフトバンクの**「LINEMO」**があります。申し込みやサポートなどはオンライン限定なので、**基本料金は毎月20GBの容量で約2500〜3000円とかなり格安**です（2023年6月現在）。実店舗がないと不安だという人は、**大手キャリアのサブブランド**の**「UQ mobile」「Y!mobile」**、または**「楽天モバイル」**がおすすめ！　こちらなら実店舗でのサポート体制も万全で、料金プランもお手頃ですよ。

079

家計防衛術

スマホ代の大幅カットを狙うならダントツで安い「MVNO」

- 「格安スマホ」「格安SIM」は月1500円程度から
- 使い方によっては通信速度も気にならない
- 初期設定や契約手続きはすべて自分で行う

079

とにかく毎月のスマホ代を大幅に節約したいという人は、**「格安スマホ」「格安SIM」とも呼ばれるMVNOへの乗り換えがおすすめ**です。

「格安さ」ではダントツのMVNOですが、多くの人がスマホを使うお昼頃や夕方以降などの時間帯に通信速度が遅くなるというのが弱点。でも、**ご自宅にWi-Fiの環境があり、動画や大容量のデータは自宅のWi-Fi回線を利用するという人には無関係**です。私もMVNOなのですが、実際に使っていて大きなストレスを感じたことはありません。ただ、MVNOに乗り換える際には、**SIMカードの挿入や初期設定、ネットでの契約手続きなどをすべて自分で**行わなければなりません。また、100社以上ある通信会社の格安プランのなかから、自分に適したプランを選ぶことも必要です。まずは**「IIJmio」「OCNモバイルONE」「mineo」「BIGLOBE SIM」**など、人気のあるMVNOのサービス内容を見比べてみてはいかがでしょうか。**プランによっては月1500円ほどの料金**でスマホを使える場合もあるので、**乗り換えを検討する価値は大**です！

スマホの通信会社　特徴＆比較まとめ

大手キャリア　（NTTドコモ、au、ソフトバンク）

料金　月額基本料金は 6,000 ～ 8,000 円と高め

サポート　店舗でのサポートが受けられる

通信　品質が高く、速度も早い

◎ 家族割引や光回線とのセット割引が充実
◎ プランを変更するだけで料金が安くなる場合も
◎ キャリアメールが使える（セキュリティや信頼度が高い）
△ プランの柔軟性には欠ける
△ 購入できる端末はハイエンド端末が中心で、分割や特典などもあるがトータルでの価格は高め

大手キャリアの

サブブランド＆楽天モバイル

料金　キャリアの格安プランよりも少しおトク

サポート　店舗でのサポートを受けることもできる

通信　品質は高いが、速度はやや低下する

◎ 価格とサービスのバランスがよい
◎ 複数のプランがあり、プランの柔軟性も強み
◎ セット販売されている端末は格安スマホ中心
◎ 端末セットで購入してコストを抑えたい人にもおすすめ
△ 通信速度がやや低下する

大手キャリアの

オンライン専用プラン （ahamo、povo、LINEMO）

料金 大手キャリアのメインプランの半額以下

サポート 店舗でのサポートなし

通信 品質が高く、速度も早い

◎ 通話より通信が中心で、動画など大容量を消費する人向け
◎ 各社の主なプランの特徴
ahamo … 20GB、5 分かけ放題がセット
povo … 基本料金 0 円でカスタマイズ自由
LINEMO … 3GB プランとかけ放題がおトク

△ SIMの差し替えや、初期設定を自分で行う必要がある
△ 大手キャリアのメインプランに比べ、データ量が多少減る
△ キャリアメールなど使えなくなるサービスがある

MVNO（格安スマホ・格安 SIM）

料金 月額料金が圧倒的に安い

サポート 店舗でのサポートなし

通信 速度が遅くなる時間帯がある

◎ データ容量やオプションが豊富で、プランの柔軟性がある
◎ セット販売の端末は格安スマホが中心
◎ クレジットカード決済が主流
◎ 人気のある MVNO から選ぶのが安心
△ 動画や大容量データはWi－Fi回線を利用するなど、ネット環境が整っている人向き
△ SIMの差し替えや、初期設定を自分で行う必要がある
△ 品質やサービスのばらつきも大きい
△ サポートは必要最低限しかない（電話・メール・チャットなど）

080

家計防衛術

通信費をコストダウンするには動画のうっかり再生にも要注意！

- スマホの設定によって通信費を抑えられる
- 通信量がかさむ「うっかり動画再生」を制御
- アプリのアップデートはWi-Fi環境で！

通信費をコストダウンするためには、普段のスマホの使い方がとても重要です。**スマホの使い方をちょっと工夫するだけで、毎月の通信費をかなり抑えることができる**のです。その核となるのが動画の再生です。

まずは**外出時や移動中にはできるだけ動画を観ないようにする**ことです。仮にそう決めていても、ＳＮＳを見ているときに急に動画が再生されることってありますよね。それだけでも通信量はけっこうかかるのです。だから、**「Wi-Fi環境下以外は動画を自動再生しない」という設定**に。そうすると、こうした動画は再生されなくなります。

アプリのアップデートも同様で「Wi-Fiの環境下で行う」という設定にしておかないと危険です。モバイル通信の状態でアップデートするとかなり通信量を使ってしまいます。ちょっとしたことですが、通信容量をできるだけミニマムにすることは大事！　日常的に「なんとなく時間つぶし」などで動画を再生しなければ、データ使用量の大きいプランにする必要もありません。**使用するデータ量に合わせたプランに変更するだけで、通信費はかなり節約**できますよ。

081

家計防衛術

料金プランと利用サービスを把握 サブスクは必要かどうか見直しを!

- 毎月の料金を確認してプランが最適かチェック
- 入りっぱなしのサブスクもちゃんと見直し
- 必要なサービスにお金を払っているかが重要

081

毎月の固定費を節約したいのなら、**支払いの明細を必ずチェックし、自分が契約しているプランの中身をしっかりと把握しておくことが大事**です。最近は郵送されてくる紙の明細書から、オンライン明細にシフトしていることも多いので、毎月の明細を見ていなかったという人もいるのでは？

とくにスマホで加入したサブスクサービスでは、**通信費との合算で引き落とされる場合もあるので、不要なサービスにお金を払っている**ことも十分考えられます。だからこそ毎月の明細に目を通すことが大切です。**自分にとって不要なサブスクはないか、常に明細をチェック**することを習慣づけましょう。

動画見放題などのサブスクは、加入申し込みも解約もお手軽にできますので、加入時に「このシリーズを観るために契約する」と決めて、観終わったらすぐに解約するという使い方でもいいかもしれません。いくつも並行して利用していると、サブスク代だけでも膨大な料金に……。**自分にとって必要なものにちゃんとお金を払っているか？**その意識を高めるためにも明細のチェックはマストです。

082

家計防衛術

家賃や住宅ローンは大きい固定費 相談すれば安くなることも

- 少しでも抑えられれば長期的な節約になる住居費
- 聞くだけはタダ！ 勇気を出して家賃交渉してみよう
- 住宅ローンの金利もまずは窓口で相談を

082

賃貸物件の家賃や住宅ローンといった住居費は、**家計のなかでも一番大きな割合を占める固定費**です。簡単ではありませんが、**住居費を少しでも抑えることができれば、長期にわたって継続的な節約に**なります。

賃貸物件にお住まいなら、まずは家賃の交渉です。本来は物件を借りる際に交渉できるといいのですが、**契約更新時も相談のチャンス**。「家賃を安くしてくれませんか?」とストレートに言いづらいようでしたら、**「住み替えを考えているのですが、更新料か家賃、どちらかでも安くなりませんか?」などと、ちょっと駆け引きをしてみるのも手**です。その一言で、どちらかが通る場合も。聞くだけならタダですから、ぜひ勇気を出して不動産会社に相談してみてください。

住宅ローンの場合は、**住宅ローン借り換えによる利息軽減、金利タイプの変更、返済期間を延長して毎月の返済額を下げる**ことなどで節約になることもあります。書類の準備や諸費用もかかるなど敷居は高めですが、**まずは窓口で「金利が高いので借り換えを検討している」ことを相談**してみるとよいでしょう。

083

家計防衛術

賃貸住宅を借りるときにはトータルの固定費をイメージする

- 立地や日当たりで光熱費は大きく変わる
- プロパンガスならガス会社の料金をチェック
- 水道料金も地域によって実は差が大きい

083

賃貸物件を選ぶ際には、住居環境や部屋の間取りなどによって、電気代をはじめとする水道光熱費が大きく変わってくる点をイメージすることも大事なポイントです。たとえば、日当たりの悪い住居の場合、照明器具を1日中つけないといけなかったり、マンションなどの上の階や西日が入る部屋は夏場に熱がこもりやすかったり……。こうした物件は**月々の電気代の負担が大きく、家賃が多少安かったとしてもトータルの固定費で考えると割高の物件に**なるかもしれません。

ガス料金に関しては、物件が**プロパンガスの場合、ガス会社によってかなり料金に差があります。**そのため物件を借りる前に、その物件が契約しているガス会社の料金をチェックすることをおすすめします。また、あまり知られていませんが、**水道料金も地域によって料金の差が大きい**ので、特定の地域に住まなくてはいけない理由がないのであれば、近隣の料金も調べた上で住む地域を検討してもいいかもしれません。**賃貸物件の場合、水道光熱費の契約を借主が変えることは難しいので、物件選びの段階できちんと調べておく**ことが大切です。

084

家計防衛術

持ち家と賃貸「どちらがおトクか?」ではなく、「どちらが合っているか」

- 同じ条件の物件なら、持ち家がおトクだけど…
- 住居に何を求めるかを考えて決断を
- 家を購入するなら将来に向けた生活設計を

「持ち家と賃貸、どちらがいいか?」 これはライフスタイルとしての問いでもありますが、節約という観点でもたびたびテーマとして取り上げられます。**その答えは、その人によってさまざま…としか言いようがない**かもしれません。

「どちらがおトクか?」という意味では、**同じ条件の物件であれば、月々の支払いや住宅ローン返済が終わったあとの維持費などを考えたとしても、一般的には持ち家がおトクといえる**のではないでしょうか。

ですが、**損得ではなく、住居に何を求めるかが重要。**家の購入は人生最大の買い物となる場合が多いと思います。**家庭にとって持ち家がこの先も必要なのか、賃貸ではなく家を購入したい理由は何なのか**を明確にすることも大事です。

節約は絞るところを明確にし、お金を使いたいところに使うのが鉄則! 家の購入自体がお金を使いたいところであり、家庭にとって必要と考えるなら問題ないでしょう。そうと決めたなら、**住宅ローンの支払いやそのほかの部分での節約も含め、将来に向けた生活設計をしっかり立てる**ことが大事です。

085

家計防衛術

「頭金」は支払い能力の指標 家の購入は頭金の貯蓄から

- 今だけでなく将来の家計を見据えて検討を
- 頭金なしの場合は結果的に支払い総額は大きい
- 住宅ローンの返済が生活の負担にならないように

085

今は頭金や初期費用なしで、住宅ローンが組める場合もあります。**必ずしも事前に貯蓄がなくても、家を購入することは可能**です。また、頭金が貯まるまで待っていたら、欲しい物件の買い時を逃すということもあるかもしれません。

ですが、ちょっと冷静に考えてみてください。**本来、「頭金」というのは、その後の支払い能力の指標**でもあります。**家を購入するタイミングで頭金に充てられる貯蓄がない場合、その後30〜35年という長期の支払いが必要な住宅ローンを組むことはとてもリスクが大きい**といえます。

その時点では無理のない支払い計画だとしても、**その後の家庭の収入の変化や子どもの成長に応じてかかる費用など、将来的な家計についても十分に考えて**おかなくてはなりません。**頭金なしの場合は、全額に金利がかかる**ので、**結果的には支払い総額が大きくなります。**家を購入したあとでローンの支払いが生活の負担になり、手離すことになるというパターンも少なくありません。**家の購入を真剣に考えるのであれば、まずは頭金を貯めることから**がんばってみましょう。

086

家計防衛術

車の維持費は劇的な削減が難しい地道にコツコツと節約を

- 保険料は同じ条件でも割安なものがないかチェック
- ガソリン代はスマホアプリの活用もおすすめ
- カーシェアリングも検討してみる

ガソリン代に保険料、税金、車検、メンテナンス代、駐車場など……。自家用車にはなにかと維持費がかかりますよね。でも、**劇的に出費を抑えるのが難しいコスト**でもあります。

車の維持費の節約で真っ先に考えられるのは、保険料の見直しです。**本当に今の使い方に適した自動車保険か、同じ条件で割安なネット自動車保険はないか**などを調べてみてください。**次にガソリン代**です。店舗や日によって価格が違うため、**基本は地道に調べて最安値を選ぶ**ということになります。最近は**店舗ごとのガソリン代を比較できるスマホアプリ**もありますので、こうしたアプリを活用してみてもいいでしょう。通勤などで車を毎日使う方や、使う頻度が多いのであれば、車の維持費は仕方のないコストと考えるしかありません。

ただ、**車の維持にかかる費用をトータルで考えると、カーシェアリングが断然おすすめ**です。とくに週末にしか車を使わないご家庭であれば、次に紹介するカーシェアリングも前向きに検討してもよいのではないでしょうか。

087

家計防衛術

頻繁に使わないならカーシェアリング
車の維持費もろもろから解放！

- 車の利用が少ない家庭ほどおすすめ！
- 基本料0円のプランや、短時間利用にもメリット
- 地域差はあるけれど、レンタカーより手軽！

私も以前は自家用車を持っていましたが、今はカーシェアリングを利用しています。子どもが大きくなり、車を使う頻度が減った頃に、車検切れのタイミングで車を手放しました。**それまで車があるのが当たり前の生活だったために不安も大きかった**のですが、**実際に手放してみると不便どころか快適そのもの！**ガソリン代や日頃のメンテナンスに悩まされることもなく、車検の時期や費用（けっこう大きい！）も気にしなくてよくなり、面倒なことから解放されました。

カーシェアリングに登録しておけば、**スマホやパソコンで簡単にリアルタイム予約**ができ、**15分単位など短時間でも利用**できます。さらに、**基本料金0円のプラン**もあるので、**実際に使った時間の利用料のみでOK**です。まだ地域差はありますが、地方でも主要駅にはステーションがありますので、場合によっては**レンタカーよりおトク**です。**予約も簡単ですし、レンタカーのようなガソリン満タン返しもありません。**

『iDeCo』&『NISA』は節税メリット大！

COLUMN 4

「投資」と聞くとリスクが高いように思われがちですが、運用方法や商品の選び方によっては、必ずしもそうではありません。『iDeCo（イデコ）』や『NISA（ニーサ）』で取り扱う対象商品は金融機関によって異なりますが、複数のタイプを組み合わせてリスク分散を図っています。短期で収益をあげようとせず、長期で投資を継続することで、よりリスクを抑えることができるでしょう。ここでは、iDeCoとNISAの概要を簡単にご紹介します。

● iDeCo（個人型確定拠出年金）

iDeCoとは、個人型確定拠出年金のことで、公的な年金にプラスして受け取れる私的年金です。あくまで「年金」ですので、受け取りは60歳以降になります。貯金にいつも失敗してしまう…という人には、強制的な貯金としてもいいかもしれません。自分で月の掛金を拠出して運用方法を選び運用していきます。掛金が全額所得税控除、運用益も非課税で再投資でき、年金や一時金として受け取るときも税金の控除があるなど、絶大な節税メリットがあるのがポイントです。

● NISA（少額の投資に対する税制優遇制度）

NISAとは、少額の投資に対する税制優遇制度のことです。証券会社でNISA口座を作り、その口座内で投資信託や株式などの金融商品を売買した際に得られる利益に対して、税金がかからなくなるという制度です。「投資」というワードが出ただけで身構えてしまう人もいるかと思いますが、少額から手軽に資産運用ができる制度ですのでご安心ください。従来のNISAは非課税期間に限りがあり、一般NISAは5年、つみたてNISAは20年でしたが、2024年スタートの新NISAでは非課税期間が無期限に。

第5章
家計防衛術

子どもとお金編

惜しみなくお金をかけてあげたいからこそ本当に子どものためになる節約を！

子どもに対して使うお金は、惜しむことなく、しっかり使いたいと考えるご家庭が多いと思います。家計のさまざまなものが節約の対象となるなかでも、子どもにだけは不自由な思いやガマンをさせたくない…親ならば誰しもそう思うことでしょう。

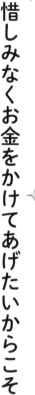

でも、「不自由をさせない＝ぜいたくをさせる」ことではありませんよね。習い事や塾などにかかる費用は、かけようと思えばキリがありません。いくらでも支出できるご家庭ならいいですが、そうでないならこの部分もメリハリをもたせる必要があります。

おやつやおもちゃ、旅行などのレジャー費も同じです。意外とお金をかけなくても子どもって喜ぶもの。あえてたくさんお金をかけようとせず、子どもの目線で楽しめるものを考え、工夫していくのも節約の近道になると思います。

子どもが大きくなったとき、本当の意味で不自由な思いをさせないためにも、節約できるところはしっかりと節約しましょう。

この章では、学校の教育費、習い事や塾にかかる費用、レジャー費、洋服代、おやつ代やおもちゃ代など、子どもにかかる費用全般について、節約のヒントやコツをご紹介したいと思います。

また、子どもの将来のためにも、小さい頃からお金に関心をもってもらうことも大切です。おこづかい帳をつけるなど、お金の管理も取り入れてみるといいと思います。大人にもいえることですが、節約は習慣になってしまえば苦労はしません。こまめに電気を消したり、生活のなかでの節約術は、親がやっていれば自然とマネするようになるものです。小さい頃から節約が身についていれば、大人になっても持続するはず！子どもと一緒に楽しく節約を続けたいですね。

088

家計防衛術

子どものために使うお金は先を見据え、計画的な貯蓄プランを

- 成長に合わせて支出の予想ができる費用
- 乳幼児のときには予想以上に光熱費が負担に
- 年齢に比例して支出は増えることを念頭に

088

子どものためのお金、いわゆる「子ども費」は、**生まれたときから成人するまで、ある意味で見通しが立てやすい費用**です。6歳になれば小学生に、12歳になれば中学生にと、受験や進学なども何歳で迎えるかがわかるので、**「今から何年後に何が必要になるのか」を見据えた貯蓄のプラン**を立てやすいと思います。

子どもが生まれて、すぐに買い揃えなくてはいけないものもたくさんありますが、**乳幼児のときに予想外にかかるのが水道光熱費。**衣類や食器を分けて洗ったり、冷暖房を常に使う必要があったりします。ここは子どものために避けて通れない出費ですので、ほかの部分での節約を心がけましょう。また、内閣府の調査によると、子どもがいる3人家族の支出は、**子どもの年齢が0～2歳のときと比べ、18～21歳のときに10万円以上アップ**しています。**学習塾などの教育**に関する費用などもそうですが、**食費や通信費（スマホ代など）の負担も年齢に比例して増えていきます。**子どもにはいくらでもお金をかけてあげたいのも親心。ですが、**今だけではなく、子どもが巣立つまで無理のないプラン**を立てましょう。

089

家計防衛術

小学生の頃が貯蓄しやすい時期
夫婦間での共有もしっかりと

- 子どもが小学生の頃は比較的お金がかからない
- 無計画でもなんとかなると考えない！
- 時間にゆとりがあれば収入アップや働き方も考える

教育費は、進学先が公立か私立かで大きく変わってきます。仮に小学校から私立への進学を考えていないのであれば、**子どもが小学生の頃までが比較的お金がかからない時期**となります。その間は、**子どもの将来に充てるお金を貯めやすい期間と考えて、計画的に貯蓄**していくとよいでしょう。

「どのタイミングでいくらまで教育費をかけられるか」について、**夫婦間でもお互いの考えや認識にズレのないよう、きちんと話し合って共有**しておくことも重要です。

子どもが小学校に上がり、ある程度手がかからなくなった頃は、子ども費を含めた今後の家計管理を見直すにもよい時期だと思います。行き当たりばったりで**無計画でもなんとかなるなどとは考えずに、子どもの年齢に比例してお金がかかるということを忘れずに。**

時間にゆとりがあるようでしたら、**この時期に収入アップのために動くなど、仕事の仕方についても検討**できるといいかもしれません。

090

家計防衛術

幼少期は習い事より貯蓄が優先
将来までの子ども費全体を意識する

- 幼少期の習い事にお金を使いすぎないよう注意!
- 子どもの将来のための貯蓄を後回しにしない
- 計画的に子ども費を考える

090

小学校に上がる前から、習い事をはじめるお子さんも多いと思います。教育方針はさまざまですが、**習い事にかかっている費用についても、将来までの子ども費全体の負担として、先を見据えて考えておきたい**ところです。

水泳、ピアノ、英会話に学習塾など…お金を惜しまずいろいろな経験をさせてあげたいと思う気持ちはとてもよくわかります。幼い頃の習い事は、レッスン料も比較的高くはないでしょう。ですので、**その先にかかる教育費も考えた上で、今かけられるお金で習い事をしているのなら、もちろん問題はありません。**

でも、幼い頃から習い事をさせることで、**その先のための貯蓄が後回しになっているようでは本末転倒。**また、子どものためと親は思っても、案外本人の負担になっているかもしれませんよ。**まとまったお金が必要になるときのためにも、計画的に子ども費を考える**ようにしましょう。

091

家計防衛術

私立の学校に行かせるなら入学してからの費用も調べておく

● 受験と入学までにかかる費用だけでは安心できない

● 志望校は教育面だけでなく費用もしっかり調べる

● 私立学校は入学してからも想像以上に費用がかかる

091

中学受験をするお子さんが増えているようです。**とくに首都圏では、私立・国立中学受験者数が２０２３年に過去最多**だったということです。大学への進学やその先の就職も考え、より豊かな学びの場に進めることは、子どもの将来の選択肢を増やすためにもとてもよいことだと思います。

ここで重要なのは、**受験までにかかる費用だけでなく、入学してからも想像以上にお金がかかる可能性がある**ということ。受験までにも、学習塾に通えば**通常の授業料**に加え、**夏期講習や模試の受験料**、遠くまで通うのであればその**交通費**や、夕飯が遅くなるために**おやつや軽食代**などもかかるかもしれません。そうした**受験までにかかるお金**はもちろん、**中学校の入学金や授業料（学費）まで貯蓄していても安心とは言い切れません。私立では教材費や修学旅行の費用なども高くなる傾向にあり、入学してから急な出費に慌てる場合も。**中学受験に限った話ではありませんが、進学を志望する学校は、**教育面だけではなく、入学後にかかる費用もしっかり調べ、その分も見据えた貯蓄**をしていきましょう。

092

家計防衛術

旅行の際にはコストを抑える計画をレジャー費も月の予算を決めておく

- 月の予算を決めて計画的にお金を使うよう心がける
- 遠出するなら下調べと計画が大事
- お金をかけなくても子どもは楽しめる!

092

幼い頃からいろいろなところへ連れて行ったり、さまざまな体験をさせてあげることは家族の楽しみとしても、子どもの教育面でもとても素敵なことだと思います。**そうしたレジャーにかかる費用は、かけようと思えばいくらでもかけられますし、逆に抑えようと思えば抑えられる部分**でもあります。

だからこそ、ここも**しっかりと月々の予算を決めて、なんとなく雑費のように扱わずに管理することが重要**です。レジャー費の枠が決まっていれば、月に数回はコストをかけずに近場で遊び、少しお金を貯めてから大きな旅行をするなど、計画的にお金を使えるようになると思います。**旅行に行く際には、宿泊先や交通手段などは早めの予約で割引を適用し、行楽施設の入場券なども金券ショップなどで入手**できると、思った以上にコストを抑えられますよ。ただ、子どもが幼い頃は、大人ががんばって計画して連れて行った場所よりも、近くの公園で水遊びしているほうが楽しそうだったりもしますよね。ちょっと残念な気もしますが、**お金をかけずに楽しめる場所があれば、それ以上にいいことはない**と思います。

093

家計防衛術

レジャー費でかかる食費に注目！なんとなく使いすぎない工夫を

- 特別なイベントであればぜいたくな食事もＯＫ
- 成り行きで外食が増えないように注意
- お弁当やおやつの持参にも工夫する

093

宿泊費や交通費はもちろんですが、**レジャーにかかる費用のなかで押さえておきたいポイントは、実は「食費」**なのです。このときの食事代もレジャー費に含めて、特別なイベントとしてぜいたくをしようと計画しているのなら、思い切り楽しんでいいと思います。

ただ、たとえば遊園地へ行って、昼は園内でぜいたくにランチ、その後も成り行きで「帰りも遅くなったから外食にしようか」となってしまうと、**レジャー費に加え、食費にもコストがかかってしまう**ことになります。また、お出かけ中には、お菓子や軽食などの誘惑もいっぱい。楽しいレジャーで子どもにねだられると、ついついおやつも買ってしまうのではないでしょうか。

そうした**出費をできるだけ抑えるために、お弁当やお菓子を持っていく**という方も多いと思います。小さな子どものおやつは、**すぐに食べられるような工夫**をしたり、**詰め合わせたり、ラッピングをしたりとひと手間かけると、いつも家で食べるのとは違う特別感も出て**、子どもも喜ぶと思いますよ。

094

家計防衛術

下着や普段着類はコストを抑え お出かけ着は売る前提でブランド品を

- 子ども服はワンシーズンで着られなくなることを意識
- 着古す服と着る回数が少なくサイズアウトする服を分類
- ネットフリマやオークションを活用！

094

成長が早い子どもの服は、ワンシーズンだけで着られなくなるものがほとんどですよね。また、**下着や毎日のように着る普段着**の服などは、**サイズアウトすることも見越して、そのシーズンで着古してしまう前提で、コストをかけないほう**が節約につながります。

それに対して、**お出かけ着や冬物のアウター、入学式や卒業式のようなイベントで着る服**に関しては、**コストがかかったとしても定番のブランド品を買う**のをおすすめします。これらは**着る回数も少ない上に、ワンシーズンでサイズアウトするので、ほとんど傷まないまま着なくなってしまう**と思います。

そこで、**ぜひフリマアプリやネットオークションを活用**しましょう。定番ブランドの服で、しかも傷みがほとんどなければ、**買った値段とそう変わらない金額で出品しても買い手が見つかる**ことが少なくありません。

特別なときの服でも、できるだけ安く購入したり、衣装レンタルをする方法などもありますが、**売ることを前提にかしこく購入するのもひとつのテクニック**です。

095

家計防衛術

お菓子やおもちゃもムダ買いしない 売る前提で定番おもちゃの購入も

- お菓子やおもちゃは買ってあげるタイミングを決める
- 子どもに欲しいものを真剣に考えさせる
- 売ることを前提に定番のおもちゃを買う

095

子どもと一緒に買い物に行くと、毎回のようにお菓子やおもちゃをねだられるというご家庭も多いと思います。値段が高くない商品なら、「ダメよ」と言い聞かせるのも面倒になり、つい買い与えてしまうこともあるのでは。私の場合は、子どもが小さい頃、**「週に1回だけ」お菓子を買ってもいい日を決め、その日以外はおねだりしないという約束**をしていました。**おもちゃは、クリスマスやお誕生日などの特別な日限定でおねだりできる**と決めておきました。

すると、**子ども自身で欲しいものを真剣に考え、買ったものも大事にする**ようになったのです。これは**「何が必要かを吟味してお金を使う」ことにもつながり、幼い頃から習慣として身につけさせられる、お金の教育**でもあると思います。

また、洋服と同様に、**おもちゃは使わなくなったら売ることを前提に定番の人気商品を購入する**のも手です。外箱をできるだけきれいな状態で保管し、子どもがおもちゃのパーツをなくしたり壊したりしないよう注意して**後片付けを一緒に手伝ったりすると、物を大事にする習慣にも**つながりますよ。

096

家計防衛術

おやつ代節約のポイントは毎日のおやつタイムを決めること

- 手作りおやつにこだわらなくても節約できる
- おやつは時間を決めて習慣にする
- 手の届くところにジュースやお菓子を置かない

096

おやつを手作りにすれば、コストもかからず体にも安心です。ヘルシーで簡単な手作りおやつもありますが、それでも毎日となるとちょっと大変ですよね。

子どもにとって、お菓子はいつだって食べたい魅力的な食べ物です。買い物に行ってお菓子を見つけたら、「これ食べたい」となるのも仕方がないかもしれません。ですので、**お菓子やジュースは、仮に買い置きしたとしても、子どもの目につかないところへ保管**しておきましょう。いつも冷蔵庫にジュースが入っていたり戸棚のなかにお菓子があれば、つい手が伸びてしまいます。**おやつ代としてもそうですが、それでは子どもの虫歯や健康面でも心配**です。

おやつ代節約のポイントは、まずは食べる時間を決めること。たとえば**「1日1回3時」と決めてしまえば、それが習慣になり、その時間以外はもらえないと理解してくれる**と思います。子どもにとっても、ムダにおねだりしなくてもよくなるので、親子ともストレス知らずでおやつの時間がいっそう楽しい時間になるはずですよ。

097

家計防衛術

日頃のおやつは、子どもも喜ぶ〝お子さまランチ方式〟に

- いろいろなお菓子が食べられて、満足度もUP
- 少量ずつ合わせればトータルでおやつ代を抑えられる
- 外出時にもできるだけ持参する

おやつ代の節約のために、我が家でも実践していた**〝お子さまランチ方式〟**のおやつをご紹介します。100円均一ショップでも売っている**ランチプレートのような仕切りのついたお皿を、ひとり一皿ずつ用意**します。そこにクッキーやおせんべいを数枚、ポテチも数枚、さらにグミやラムネ、キャンディをちょっとずつ入れ、お菓子の盛り合わせにするのです。**何種類かのお菓子を買っておいて、1日にそれぞれ少しずつ出す**ようにします。これだとポテチなども数日はもちますので、1日で1袋消費するのに比べても断然おトク！

なにより見た目がにぎやかになり、「おやつだ！」というワクワク感も高まります。また、いろいろなお菓子を少しずつ食べられるので、子どもたちの満足度も上がり、食べすぎの予防にもなります。外出するときにも、出先でお菓子を買ってしまわないように、その日のおやつを詰め合わせて持参するのもおすすめですよ。

098

家計防衛術

子どもにもお金管理の習慣をまずは一緒におこづかい帳をチェック

- 子どものときからおこづかい帳を習慣化
- 子どもと一緒にきちんと記録できているかをチェック
- 使途不明金を作らない習慣につながる

小学生くらいになれば、**子どもにおこづかい帳をつけさせてみましょう。**おこづかいは、毎月決まった日に同じ額を渡すのが一般的ですが、それに加えて**きちんと記録することを身につけさせ、習慣にすることが大事**です。

そのためにも、おこづかいを渡すときには、**前回のおこづかいを何にいくら使ったのか、おこづかい帳で必ずチェック**してあげるようにしてください。このときのチェックするポイントは、**「何に使ったか」という内容そのものではなく、「きちんと記録できているか」**ということ。「お菓子の買いすぎ」「マンガばかり買うのはよくない」などといったことを評価するのではなく、**少額でもきちんとお金を使った目的がわかるように、金額と買ったものが記録されていることを子どもと一緒に確認**するようにしましょう。

「何に使ったかわからないけど、なくなっちゃった」は、もしかすると大人でもよくあることかもしれません。おこづかい帳をつけることで、そんな**使途不明金を出さないクセを子どもの頃から身につける**ことにもつながりますよ。

099

家計防衛術

子どもと一緒に節約するために自分の消費を意識させる

- まずは親が普段から節約のための行動を実践
- 子どもは親のまねをすることで自然と節約が身につく
- 大きくなったらスマホ代などもおこづかいに組み込む

子どもにも節約に協力してもらうためにはどうすればいいか？ これもみなさんに共通するお悩みではないでしょうか。実は、**一番効果的なのは、親が実践してみせること**なのかもしれません。ありふれた言い方かもしれませんが、子どもは親の背中を見て育つものです。たとえば、「電気はこまめに消す」「お風呂のシャワーは出しっぱなしにしない」などといった細かなことから、「買い出しをするときにはムダ買いししないように、家の在庫をチェックする」「安いものでも吟味して買う」など、**普段の何気ない行動や買い物の仕方なども、自然にまねするようになる**と思います。**節約のためと意識するのではなく、自然に身につく行動ですので、子ども自身にとってても大きな財産に**なりますよね。

また、子どもがある程度大きくなれば、**スマホ代など使い方によって変動する固定費をおこづかいのなかに組み込む**のもいいかもしれません。**親が出してくれるお金として無関心だった費用について、自分の消費として考えさせる**ことで、一緒に節約へ取り組むことができますよ。

100
家計防衛術

欲しいものがあったらお手伝いする〝家でアルバイト〟方式もおすすめ

- アルバイトメニューを作るのがカギ
- 長期的に貯めれば、自分の力で大きい買い物も可能に
- 欲しいもののために能動的に動くマインドが育つ

中学生くらいまでの子どもであれば、**お手伝いの対価として、おこづかいを渡すという方法もお金の教育につながる**と思います。

お手伝いの内容については、**親が決めたものを子どもにやらせるのではなく、あらかじめメニューを作っておく**という方法で実践されているご家庭のお話も聞いたことがあります。そのご家庭では、たとえば「お風呂掃除」「食器洗い」「洗濯」「買い物」などの項目をリストアップしておき、**それぞれお手伝いをすればいくらと金額も決めて一覧などに**していたそうです。

この「お家アルバイト」のポイントは、子どもが自分で何をするのかを決められるというところ。欲しいものがあれば、お手伝い自体にも意欲的に取り組むようになりますし、**欲しいものの金額に応じた仕事（お手伝い）を選べるので、長期的に貯めることもでき、自然に金銭感覚も身につきます。**

家事の練習や、がんばったらその分の対価をもらえるという喜びも感じることができ、働くことへの疑似体験にもつながりますよ。

和田由貴
わだゆうき

消費生活アドバイザー。家電製品アドバイザー。食生活アドバイザー。暮らしや家事の専門家として、幅広い分野で活動。「節約は、無理をしないで楽しく！」をモットーに、日常生活に密着したアドバイスを得意とする。私生活でも２人の子を持つ母で、現役の“節約主婦”でもある。『あさイチ』『羽鳥慎一モーニングショー』『ひるおび』『ホンマでっか!? TV』をはじめとした数多くのワイドショーや情報番組に出演し、講演、執筆活動なども精力的に行っている。また、環境カウンセラー、省エネ・脱炭素エキスパートとして環境問題にも精通している。

構成・編集・デザイン　近江聖香（Plan Link）
編集　近江康生（Plan Link）
執筆協力　弓削桃代
カバーデザイン　リボ真佑（TAGGY DESIGN）
イラスト　熊野友紀子
企画・進行　廣瀬祐志

即実践！即効果！ 節約のプロがおしえる家計防衛術 100

2023年 7 月 25 日　初版第 1 刷発行
2023年 12 月 10 日　初版第 2 刷発行

著者　和田由貴
発行人　廣瀬和二
発行所　辰巳出版株式会社
〒113-0033 東京都文京区本郷 1 丁目 33 番 13 号 春日町ビル 5F
TEL 03-5931-5920（代表）
FAX 03-6386-3087（販売部）
URL http://www.TG-NET.co.jp/

印刷・製本　中央精版印刷株式会社

本書の内容に関するお問い合わせは、
お問い合わせフォーム (info@TG-NET.co.jp) にて承ります。
電話によるご連絡はお受けしておりません。

定価はカバーに表示してあります。

万一にも落丁、乱丁のある場合は、送料小社負担にてお取り替えいたします。
小社販売部までご連絡下さい。

Printed in Japan
ISBN978-4-7778-3033-6